سجل انتهاكات حقوق الإنسان في الولايات المتحدة خلال عام 2020

2020 年美国侵犯人权报告

مكتب الإعلام لمجلس الدولة بجمهورية الصين الشعبية

中华人民共和国国务院新闻办公室

五洲传播出版社
China Intercontinental Press

图书在版编目（CIP）数据

2020年美国侵犯人权报告：汉阿对照 / 国务院新闻办公室编 . -- 北京：五洲传播出版社，2021.4
ISBN 978-7-5085-4640-7

Ⅰ.① 2… Ⅱ.①国… Ⅲ.①人权—研究报告—美国—2020—汉、阿 Ⅳ.① D771.224

中国版本图书馆 CIP 数据核字（2021）第 053242 号

2020年美国侵犯人权报告

编　　者：	国务院新闻办公室
出 版 人：	荆孝敏
责任编辑：	高　磊
助理编辑：	乔　禹
制　　作：	北京翰墨坊广告有限公司
出版发行：	五洲传播出版社
地　　址：	北京市海淀区北三环中路31号生产力大楼B座6层
邮　　编：	100088
发行电话：	010-82005927，010-82007837
网　　址：	www.cicc.org.cn　www.thatsbooks.com
印　　刷：	北京光之彩印刷有限公司
版　　次：	2021年3月第1版第1次印刷
开　　本：	889×1194mm　1/32
印　　张：	3
字　　数：	55千
定　　价：	30.00元

الفهرس

مقدمة 1
أولا، القصور في احتواء الجائحة يفضي إلى نتيجة مأساوية 4
ثانيا، اضطراب الديمقراطية الأمريكية يثير فوضى سياسية 13
ثالثا، الأقليات العرقية يدمرها التمييز العنصري 19
رابعا، الاضطرابات الاجتماعية المتواصلة تهدد السلامة العامة 32
خامسا، الاستقطاب المتنامي بين الأغنياء والفقراء يفاقم انعدام المساواة الاجتماعية 37
سادسا، الدوس على القواعد الدولية يفضي إلى كوارث إنسانية 40

目　录

序　言 47
一、疫情严重失控酿成人间悲剧 49
二、美式民主失序引发政治乱象 56
三、种族歧视恶化少数族裔处境 60
四、社会持续动荡威胁公众安全 68
五、贫富日益分化加剧社会不公 72
六、践踏国际规则造成人道灾难 74

سجل انتهاكات حقوق الإنسان في الولايات المتحدة خلال عام 2020

مكتب الإعلام بمجلس الدولة لجمهورية الصين الشعبية

مارس 2021

مقدمة

"لا أستطيع التنفس"

-- جورج فلويد

المشاهد التي رأيناها (للعنف في مبنى الكونجرس الأمريكي) هي نتيجة الأكاذيب والمزيد من الأكاذيب، والانقسام وازدراء الديمقراطية، والكراهية وإثارة الرعاع -- حتى من جانب أعلى المستويات".

-- الرئيس الألماني فرانك-فالتر شتاينماير

-- في عام 2020، أثارت جائحة كوفيد-19 فوضى حول العالم، مشكلة خطرا كبيرا لأمن البشرية. لا يحترم الفيروس حدودا، ولا يميز الوباء بين الأعراق. ويتطلب دحر الوباء تبادل المساعدة والتضامن والتعاون بين جميع الدول. بيد أن الولايات المتحدة، التي طالما اعتبرت نفسها استثناء وفوق الجميع، شهدت خروج الوضع الوبائي

بها عن السيطرة، وهو ما ترافق مع اضطرابات سياسية وصراعات بين العرقيات المختلفة وانقسامات اجتماعية. كما فاقمت الجائحة من انتهاكات حقوق الإنسان في البلد، الذي يزعم أنه "مدينة فوق تل" و"منارة الديمقراطية".

-- خرج الوباء عن السيطرة وتحول إلى مأساة بشرية بعد الاستجابة المستهترة من جانب الحكومة. وبنهاية فبراير عام 2021، مثّلت الولايات المتحدة، التي يقطنها أقل من 5 بالمئة من سكان العالم، أكثر من ربع حالات الإصابة المؤكدة بكوفيد-19 حول العالم وقرابة خُمس إجمالي وفيات العالم جراء المرض، حيث حصد الفيروس أرواح أكثر من 500 ألف مواطن أمريكي.

-- أفضى الاضطراب في النظام الديمقراطي الأمريكي إلى فوضى سياسية، ما أدى إلى استمرار تمزق النسيج المجتمعي. فالسياسة الملطخة بالمال شوهت الرأي العام وقمعته، محولة الانتخابات إلى "عرض فردي" للطبقة الثرية، وهوت ثقة الشعب في النظام الديمقراطي الأمريكي إلى أدنى مستوى لها منذ 20 عاما. وعلى وقع الاستقطاب السياسي المتنامي، تحولت سياسة الكراهية إلى طاعون وطني، وتعرض مبنى الكونجرس للاقتحام خلال أعمال العنف التي أعقبت الانتخابات.

-- عانت مجموعات الأقليات العرقية تمييزا عنصريا ممنهجا وباتت في وضع عسير. يشكل القاصرون من الملونين زهاء ثلث القاصرين الذين هم دون سن الـ18 عاما في الولايات المتحدة، لكنهم مثلوا ثلثي جميع القاصرين المحبوسين في البلاد. كما أن الأمريكيين

ذوي الأصول الأفريقية أكثر عرضة من البيض بثلاثة أضعاف للإصابة بالعدوى وبواقع ضعفين للوفاة وأكثر احتمالية بثلاثة أضعاف للقتل على يد الشرطة. وهناك واحد من كل أربعة شباب أمريكيين من أصول آسيوية كان هدفا للتنمر العنصري.

-- سجلت تجارة السلاح وحوادث إطلاق النار مستوى قياسيا، وتراجعت ثقة الشعب في الانتظام الاجتماعي. وعلى وقع الوباء الخارج عن السيطرة في الولايات المتحدة وما صاحبه من احتجاجات من أجل العدالة العرقية وصراعات ذات صلة بالانتخابات، اشترى الأمريكيون 23 مليون قطعة سلاح خلال عام 2020، بزيادة بلغت 64 بالمئة مقارنة مع عام 2019. ووصل عدد مشتري السلاح لأول مرة إلى أكثر من 8 ملايين شخص. وقُتل ما يربو على 41500 شخص في حوادث إطلاق نار في أنحاء الولايات المتحدة خلال العام الماضي، بمتوسط يزيد على 110 أشخاص يوميا. وكان هناك أيضا 592 حادث إطلاق نار جماعيا في أرجاء البلاد، بمتوسط يربو على 1.6 حادث يوميا.

-- توفي جورج فلويد، وهو أمريكي من أصول أفريقية، بعد أن جثا ضابط شرطة أبيض على عنقه بوحشية، ما فجر موجة غضب على مستوى البلاد. واندلعت احتجاجات واسعة من أجل العدالة العرقية في 50 ولاية. وقمعت الحكومة الأمريكية المتظاهرين بالقوة، وألقي القبض على أكثر من 10 آلاف شخص. وتعرض عدد كبير من الصحفيين للاعتداء والوقيف دون سبب.

-- اتسعت الفجوة بين الأغنياء والفقراء، حيث يعيش من هم

في قاع المجتمع في أوضاع بائسة. وأدى الوباء إلى بطالة جماعية. وفقد عشرات ملايين الأشخاص تغطية التأمين الصحي. ويواجه خطر الجوع واحد من كل ستة أمريكيين وطفل من كل أربعة أطفال أمريكيين. وغدت المجموعات الضعيفة أكبر ضحية للاستجابة المستهترة من جانب الحكومة للوباء.

وبدلا من أن تقوم الحكومة الأمريكية بفحص سجلها البشع في مجال حقوق الإنسان، واصلت إطلاق تصريحات غير مسؤولة بشأن وضع حقوق الإنسان في الدول الأخرى، كاشفة عن ازدواجيتها ونفاقها بشأن حقوق الإنسان. إن البشرية، التي تقف عند مفترق طرق جديد، تواجه تحديات جديدة وخطيرة. وإنه لمن المأمول أن يظهر الجانب الأمريكي التواضع ويبدي التعاطف إزاء معاناة شعبه، ويتخلى عن النفاق والتنمر و"العصا الغليظة" والمعايير المزدوجة، ويعمل مع المجتمع الدولي لبناء مجتمع المستقبل المشترك للبشرية.

أولا، القصور في احتواء الجائحة يفضي إلى نتيجة مأساوية

زعمت الولايات المتحدة أنها الأوفر حظا من حيث الموارد الطبية وقدرات الرعاية الصحية، إلا أن استجابتها لجائحة كوفيد-19 كانت فوضوية، ما جعلها تتصدر دول العالم من حيث عدد حالات الإصابة بكوفيد-19 والوفيات ذات الصلة.

أدى قصور الاستجابة للجائحة إلى تداعيات وخيمة. وأظهر إحصاء لجامعة جونز هوبكينز أنه حتى نهاية فبراير عام 2021،

سجلت الولايات المتحدة ما يزيد على 28 مليون حالة إصابة مؤكدة بكوفيد-19، بينما تجاوز عدد الوفيات ذات الصلة 500 ألف شخص. ومع تعداد سكاني يمثل أقل من 5 بالمئة من إجمالي سكان العالم، شكلت الولايات المتحدة أكثر من 25 بالمئة من إجمالي حالات الإصابة المؤكدة بكوفيد-19 وزهاء 20 بالمئة من الوفيات ذات الصلة. وفي 20 ديسمبر عام 2020، نشرت شبكة "سي.إن.إن" تقريرا يفيد بأن ولاية كاليفورنيا وحدها سجلت 1845000 حالة إصابة بكوفيد-19 و 22599 حالة وفاة، وهو ما يعكس نحو 4669 حالة إصابة مؤكدة و 57 حالة وفاة بين كل 100 ألف من سكان الولاية. وحتى هذه الأرقام لا تعكس الصورة الكاملة للولاية، لأن العديد من الحالات، بما في ذلك حالات العدوى الخفيفة أو الحالات غير المصحوبة بأعراض، لم يتم تشخيصها. ولو أن السلطات الأمريكية اتخذت تدابير قائمة على العلم لاحتواء الجائحة، لكان بوسعها تفادي تلك التداعيات. ولكن نظرا لأنها لم تتخذ تلك التدابير، باتت الجائحة، كما وصفها وليام فويجي عالم الأوبئة والرئيس السابق للمراكز الأمريكية لمكافحة الأمراض والوقاية منها، بمثابة "مذبحة" للولايات المتحدة.

تجاهل قادة البلاد تحذيرات الخبراء وقللوا من خطورة الجائحة. ووفقا للإطار الزمني لجائحة كوفيد-19 في الولايات المتحدة، والذي نشرته وسائل إعلام أمريكية بينها صحيفة "ذا نيويورك تايمز" و "ذا واشنطن بوست"، فإن إدارة ترامب تجاهلت مرارا الإنذارات بشأن خطورة الجائحة. وفي مطلع يناير عام 2020، كان أحد مكاتب مجلس الأمن القومي قد تلقى تقارير استخباراتية تتنبأ بتفشي

الفيروس في الولايات المتحدة. وفي مذكرة بتاريخ 29 يناير، توقع المستشار التجاري للبيت الأبيض حينئذ، بيتر نافارو، بأن جائحة فيروس كورونا قد تؤدي إلى نحو نصف مليون حالة وفاة وخسائر اقتصادية بتريليونات الدولارات الأمريكية.

وخلال العديد من المناسبات، حذر كذلك عدد من مسؤولي الصحة، بينهم وزير الصحة والخدمات الإنسانية آنذاك إليكس عازار، وخبراء طبيون آخرون من احتمالية تفشي جائحة في الولايات المتحدة. ولم يلفت أي من التحذيرات السالفة انتباه الإدارة الأمريكية للجائحة الوشيكة. وعوضا عن ذلك، ركزت الإدارة الأمريكية على منع انتشار المعلومات وإصدار إشارات مضللة للرأي العام تزعم بأن "خطر الفيروس بالنسبة لأغلب الأمريكيين ضئيل للغاية"، وتُوهم بأن فيروس كورونا الجديد ليس أشد خطورة من الإنفلونزا العادية، وأن الفيروس "سيختفي بأعجوبة" عندما يصبح الطقس أكثر دفئا. ومن ثم، خسرت البلاد أسابيع حاسمة للوقاية من الجائحة ومكافحتها. وذكر مقال نشره الموقع الإلكتروني لصحيفة "ذا نيويورك تايمز" يوم 13 أبريل عام 2020، بأن الزعيم الأمريكي "بجنوحه لاتباع حدسه بدلا من البيانات يكلف (البلاد) وقتا وربما أرواحا".

أدى تقاعس الحكومة إلى تفشي الجائحة على نحو خارج عن السيطرة. وبعد ما بلغت حصيلة الوفيات جراء الجائحة 300 ألف، علق ديفيد هايز-باوتيستا، أستاذ الطب بجامعة كاليفورنيا في لوس أنجلوس، قائلا "كنا بغنى عن وفاة مثل هذا العدد الكبير من المواطنين. اخترنا كدولة أن نرفع قدمنا من على دواسة الوقود. اخترنا ذلك، وتلك

هي المأساة". وقدر مصممو النماذج التجريبية للأمراض في جامعة كولومبيا بأنه لو كانت الولايات المتحدة قد بدأت إغلاق المدن والحد من الاتصال الاجتماعي في الأول من مارس، أي قبل أسبوعين من جنوح أغلب الناس إلى البقاء في منازلهم، لكان قد تم تفادي نحو 83 بالمئة من الوفيات ذات الصلة بالجائحة في البلاد. وذكرت مقالة افتتاحية نُشرت على الموقع الإلكتروني لمجلة "ذا لانسيت" الطبية في 17 مايو عام 2020، بأن الإدارة الأمريكية كانت مهووسة بلقاحات رصاصة سحرية أو أدوية جديدة أو أمل بأن الفيروس سوف يختفي تماما من تلقاء نفسه.

في الوقت نفسه، أشارت المقالة إلى أنه لا يمكن رؤية نهاية لحالة الطوارئ هذه إلا من خلال الاعتماد الثابت على مبادئ الصحة العامة الأساسية، مثل الاختبار والتتبع والعزل. وحتى مع تفشي الجائحة في رقعة شاسعة من الولايات المتحدة، تسرعت الإدارة الأمريكية في استئناف النشاط الاقتصادي جراء مخاوف سياسية. وبحسب ما ذكر موقع "Vox" الإخباري في يوم 11 أغسطس عام 2020، فإنه في إبريل ومايو من العام المنصرم، هرعت عدة ولايات لإعادة فتح أبوابها وتسببت في انتقال الفيروس إلى جنوبي البلاد وغربيها وإلى بقية أرجاء الولايات المتحدة في نهاية المطاف. وعلاوة على ذلك، ورغم توصية الخبراء للناس بارتداء الأقنعة في الأماكن العامة، إلا أن الزعيم الأمريكي والعديد من مسؤولي الدولة عارضوا بشدة إصدار أي قرار يُلزم بارتداء الأقنعة.

تسببت التدابير الفوضوية لمكافحة الجائحة والوقاية منها في

حالة من الارتباك بين العامة. ووصفت مقالة نشرتها شبكة "سي. إن.إن" يوم 9 مايو عام 2020، الاستجابة الأمريكية للجائحة بأنها "غير متسقة على الدوام"، مشيرة إلى أنه ليست هناك مبادئ توجيهية وطنية وليست هناك جهود منظمة لإعادة فتح البلاد عدا التدابير التي اتخذتها الولايات. كما أشارت المقالة إلى أنه على صعيد مكافحة الجائحة والوقاية منها، فإن مسؤولي الصحة العامة يقولون شيئًا ويقول حكام الولايات شيئًا آخر بينما يقول رئيس البلاد شيئًا ثالثًا مختلفًا تمامًا. وعلاوة على ذلك، فإنه بعد أن دعا الخبراء إلى قيادة فيدرالية، ترك الزعيم الأمريكي المدن والولايات لتحل بنفسها المشاكل الوطنية المتعلقة بالاختبارات وإمدادات المستشفيات. وعندما أطلقت الحكومة الفيدرالية خطة مرحلية لإعادة الفتح، دعا الزعيم الأمريكي الولايات لإعادة فتح أبوابها بشكل أسرع. وبعد أن أوصت المراكز الأمريكية لمكافحة الأمراض والوقاية منها الناس بارتداء الأقنعة في الأماكن العامة، رفض الزعيم الأمريكي لأشهرٍ القيام بذلك في الأماكن العامة. وكما لو كانت الأفعال آنفة الذكر غير مثيرة للسخرية على نحو كافٍ، دعا الزعيم الأمريكي في مرحلة ما إلى حقن المرضى بمواد التطهير كعلاج.

تملص قادة البلاد من المسؤوليات بدافع الغطرسة. ورغم تواتر الأفكار السخيفة واحدة تلو الأخرى، رفض الزعيم الأمريكي الاعتراف بأي خطأ. وعوضًا عن ذلك اخترع كل أنواع الأعذار للتستر على أخطائه مع التنصل من المسؤوليات. فعلى سبيل المثال، أصر على أن الولايات المتحدة تتصدر دول العالم في حالات الإصابة بكوفيد-19

لأنها تجري اختبارات أكثر من أي دولة أخرى في العالم. ولدى سؤاله عن مشاكل الاختبارات والوفيات المتزايدة، ادعى أنه "لا يتحمل المسؤولية على الإطلاق". ورغم كل ذلك، قال أنطوني فاوتشي مستشار البيت الأبيض ومدير المعهد الوطني للحساسية والأمراض المعدية، بأن الأرقام لا تكذب وأن الولايات المتحدة سجلت أسوأ تفش للوباء في العالم.

سقط المواطنون المسنون ضحايا لارتباك الحكومة في مواجهة الجائحة. المواطنون المسنون هم مجموعة أكثر عرضة لخطر الجائحة، لكنهم تم تهميشهم بشكل أكبر في خضم فوضى الوقاية من الجائحة ومكافحتها في الولايات المتحدة، حيث تصير حياتهم بلا قيمة وتداس كرامتهم. وفي 23 مارس و20 أبريل عام 2020، صرح دان باتريك، نائب حاكم ولاية تكساس، لشبكة "فوكس نيوز" بأنه يفضل الموت على رؤية تدابير الصحة العامة تضر بالاقتصاد الأمريكي وأن هناك أشياء أكثر أهمية من الحياة. ومن جهة أخرى كشف تقرير نشره موقع "ذا سان دييجو يونيون-تريبيون" يوم 18 أغسطس 2020 أن المقيمين في مرافق الرعاية طويلة الأمد يمثلون أقل من واحد بالمئة من سكان الولايات المتحدة لكنهم يشكلون أكثر من 40 بالمئة من وفيات كوفيد-19.

وإزاء تلك الحقائق، جاهر مقال نشره موقع صحيفة "ذا واشنطن بوست" في يوم 9 مايو 2020، بوصف الجهود الأمريكية لمكافحة الجائحة بأنها "قتل تجيزه الدولة" حيث يتم عمدا التضحية "بكبار السن وعمال المصانع والأمريكيين المنحدرين من أصول أفريقية ولاتينية".

واجه الفقراء تهديدا أكبر للإصابة بالعدوى. ووجد باحثون أن مؤشر جيني، وهو مقياس اقتصادي يصنف عدم المساواة في الدخل من صفر (انعدام المساواة مطلقا) إلى واحد (المساواة التامة)، كان مؤشرا قويا على وفيات كوفيد-19. وضمت مدينة نيويورك، التي سجلت أحد أكبر أرقام مؤشر جيني عند مستوى بلغ 0.52، ضمت كذلك أكبر عدد من الوفيات في البلاد بهامش فارق. وأفاد موقع صحيفة "ذا جارديان" يوم 21 مارس عام 2020، أنه في أعقاب الجائحة، صار الأثرياء والنافذون أول من يتلقون اختبارات فيروس كورونا، بينما العمال محدودو الدخل، والذين يفتقر أغلبهم إلى إجازة مرضية مدفوعة الأجر ولا يستطيعون العمل من المنزل، يعرضون أنفسهم لخطر أكبر للإصابة بالفيروس من أجل كسب لقمة العيش.

ونقل تقرير نشره موقع صحيفة "لوس أنجلوس تايمز" يوم 8 مايو عام 2020، عن مسؤولي الصحة العامة قولهم إن سكان المجتمعات محدودة الدخل في مقاطعة لوس أنجلوس أكثر عرضة بواقع ثلاثة أضعاف للوفاة بكوفيد-19 عن نظرائهم في الأحياء الأكثر ثراء. وكشف مسح لمؤسسة "جالوب" أن واحدا من بين كل سبعة بالغين أمريكيين قالوا إنهم إذا ظهرت عليهم أو على أفراد أسرتهم أعراض ذات صلة بكوفيد-19، فإنهم قد يتخلون عن العلاج الطبي خشية عدم تمكنهم من تحمل تكاليفه. كما أشار فيليب ألستون، مقرر الأمم المتحدة الخاص لشؤون الفقر المدقع وحقوق الإنسان، إلى أن الفقراء في الولايات المتحدة هم الأشد تضررا من جائحة كوفيد-19. وأوضح أن محدودي الدخل والفقراء يواجهون مخاطر أكبر بكثير للإصابة

بفيروس كورونا نظرا للإهمال والتمييز المزمنين، فضلا عن تعرضهم للخذلان من قبل الاستجابة الفيدرالية المشوشة التي تقودها الشركات. المعاقون والمشردون في حالة يرثى لها. وكشفت دراسة نشرتها منظمة "فير هيلث" غير الربحية في نوفمبر عام 2020، أن الأشخاص ذوي الإعاقات الذهنية والتنموية أكثر عرضة بثلاثة أضعاف للوفاة بكوفيد-19 مقارنة مع عامة السكان. وفي 14 مايو عام 2020 نشر موقع صحيفة "لوس أنجلوس تايمز" أنه مع الصدمة التي يوجهها فيروس كورونا للاقتصاد والتي تعيق الشركات من جميع المستويات وتتسبب في فقد ملايين الأمريكيين لوظائفهم، فإن المشردين في الولايات المتحدة قد يزيد عددهم بنسبة 45 بالمئة خلال عام. وهناك كثير من المشردين الأمريكيين من كبار السن والمعاقين. ونظرا لصحتهم البدنية الضعيفة بالأساس وظروفهم المعيشية والصحية السيئة، فإنهم أكثر عرضة للإصابة بالفيروس. وخلال الجائحة، تم إجلاء المشردين ودفعهم للانتقال إلى ملاجئ مؤقتة.

وأفاد موقع وكالة "رويترز" في 23 أبريل عام 2020 أن اكتظاظ الملاجئ في أنحاء الولايات المتحدة جعل من المستحيل بالنسبة للمشردين الذين يعيشون هناك الحفاظ على التباعد الاجتماعي، وهو ما سهل انتشار الفيروس. وأورد موقع صحيفة "ذا نيويورك تايمز" يوم 13 أبريل عام 2020 أنه في مدينة نيويورك استفحلت الأزمة في ملاجئ المشردين، حيث ينام 17 ألف رجل وامرأة في ملاجئ جماعية أو شبه جماعية للبالغين غير المتزوجين، حيث الأَسِرَّة قريبة من بعضها لدرجة تجعل النائمين عليها يمكن أن يمسكوا بأيدي

بعضهم. وكشف موقع "ذا بوسطن جلوب" في 4 مايو عام 2020 أن نحو ثلث المشردين الذين خضعوا لاختبارات جاءت نتائجهم إيجابية لفيروس كورونا الجديد.

شكل تفشي الفيروس في السجون تهديدا لحياة النزلاء. وأفادت شبكة "أيه.بي.سي نيوز" في 19 ديسمبر عام 2020 أن ما لا يقل عن 275 ألف سجين أصيبوا بفيروس كورونا، وأكثر من 1700 قضوا جراء الفيروس، وأن كل نظام للسجن في البلاد شهد معدلات إصابة أعلى بكثير مقارنة مع التجمعات السكنية المحيطة به. وأشارت بيانات جمعتها كل من وكالة "ذي أسوشييتد برس" و مؤسسة "ذا مارشال بروجيكت"، وهي مؤسسة إخبارية غير ربحية تغطي نظام العدالة الجنائية، أن واحدا من كل خمسة سجناء في مرافق يديرها المكتب الفيدرالي للسجون أصيب بفيروس كورونا. كما كشفتا أن 24 نظاما للسجون على مستوى الولايات لديها حتى معدلات أعلى للإصابة بفيروس كورونا. وأصيب نصف السجناء في ولاية كانساس بكوفيد-19، وهو ما يعادل ثمانية أضعاف معدل الإصابة بين جميع سكان الولاية. وفي ولاية أركانساس هناك أربعة من بين كل سبعة سجناء، أصيبوا بالفيروس.

هيمن شبح الجائحة الخارجة عن نطاق السيطرة على عقول الأمريكيين العاديين. وأثر رد فعل إدارة ترامب إزاء جائحة كوفيد-19 سلبا على الأمريكيين أكثر من الفيروس ذاته، وهو ما ترك الناس في حالة من التوتر والعزلة. وفي دراسة نشرتها المراكز الأمريكية لمكافحة الأمراض والوقاية منها في 14 أغسطس عام 2020،

فإنه نظرا لأوامر البقاء في المنزل، فإن 40.9 بالمئة من البالغين قالوا إنهم تعرضوا لحالة صحية عقلية أو سلوكية سلبية واحدة على الأقل، بينما ذكر 30.9 بالمئة أنهم شعروا بالتوتر أو الاكتئاب، ولا تشكل هذه الأرقام سوى قمة جبل جليدي. كما أظهرت ذات الدراسة للمراكز الأمريكية لمكافحة الأمراض والوقاية منها أن 13 بالمئة من الأشخاص المستطلعة آراؤهم من قبل المراكز خلال ذات الفترة قالوا إنهم بدأوا أو زادوا من تعاطيهم للمواد المخدرة وأن 11 بالمئة فكروا جديا في الانتحار. وأظهرت دراسة منفصلة صدرت في شهر يونيو أن الاتصالات بالخطوط الساخنة للانتحار ارتفعت بنسبة 47 بالمئة في أنحاء البلاد خلال جائحة كوفيد-19، مع تسجيل بعض خطوط الأزمات زيادة في الاتصالات بلغت نسبتها 300 بالمئة.

ثانيا، اضطراب الديمقراطية الأمريكية يثير فوضى سياسية

مع وصفها نفسها بأنها منارة للديمقراطية، وجهت الولايات المتحدة على نحو تعسفي انتقادات للعديد من الدول الأخرى وقمعتها تحت ستار دعم الديمقراطية والحرية وحقوق الإنسان. بيد أن المجتمع الأمريكي ابتُلي بسياسة المال عميقة الجذور والتلاعب المفرط بالرأي العام والأكاذيب المتفشية، كما زادت الديمقراطية الأمريكية من تفاقم الانقسام المجتمعي بدلا من جسر الاختلافات السياسية المتزايدة الاستقطاب. ونتيجة لذلك، يتمتع الشعب الأمريكي بحقوقه المدنية والسياسية بالاسم فقط.

أضحت الانتخابات السياسية التي يسيطر عليها المال هي "قرار المال" في جوهرها. فالمال هو القوة المحركة للسياسة الأمريكية. وشوهت سياسة المال الأمريكية الرأي العام وحولت الانتخابات إلى "عرض فردي" للأثرياء. وبلغ حجم الأموال التي أُنفقت على حملات الانتخابات الرئاسية الأمريكية وانتخابات الكونجرس في عام 2020 نحو 14 مليار دولار أمريكي، وهو ما يتجاوز ضعفي ما تم إنفاقه في عام انتخابات عام 2016. وسجلت حملات الانتخابات الرئاسية مستوى قياسيا في إجمالي الإنفاق بلغ 6.6 مليار دولار أمريكي، بينما شهدت سباقات الكونجرس إنفاق أكثر من 7 مليارات دولار أمريكي. وبحسب تقرير نشره موقع شبكة "سي.إن.بي.سي" في الأول من نوفمبر عام 2020، فإن أكبر 10 مانحين في دورة الانتخابات الأمريكية لعام 2020 قدموا أكثر من 640 مليون دولار أمريكي. وبالإضافة إلى التبرعات الإنتخابية المسجلة علنا، فإن كما كبيرا من الأموال السرية والمال الأسود تدفق إلى انتخابات عام 2020. وبحسب تحليل أجراه "مركز برينان للعدالة في جامعة نيويورك" فإن مجموعات المال الأسود ضخت أكثر من 750 مليون دولار أمريكي في انتخابات عام 2020 من خلال الإنفاق على الإعلانات والمساهمات القياسية المقدمة إلى اللجان السياسية مثل لجان العمل السياسي الفائقة.

ثقة الجمهور في الإنتخابات الأمريكية واجهت أزمة. وبحسب أرقام أصدرتها مؤسسة "جالوب" يوم 8 أكتوبر عام 2020، فإن 19 بالمئة فقط من الأمريكيين قالوا إنهم "واثقون للغاية" بشأن دقة

الانتخابات الرئاسية، وهو أدنى مستوى تسجله جالوب في منحنى استطلاعها الذي تجريه منذ عام 2004. وبحسب مقال نشرته صحيفة "ذا وول ستريت جورنال" يوم 9 نوفمبر عام 2020، فإن انتخابات عام 2020 يمكن رؤيتها على أنها تتويج لفترة عقدين من تراجع الإيمان باللبنات الأساسية للديمقراطية.

الاستقطاب السياسي شهد نموا. وتحول تدريجيا الخلاف بين الديمقراطيين والجمهوريين من اختلاف حول السياسات إلى معارك بشأن الهوية مع قبلية سياسية تزداد معالمها وضوحا. وانتهى الأمر بالحزبين إلى طريق مسدود حيال العديد من القضايا العامة الكبرى، وهو ما أدى إلى حوكمة غير فعالة أو غير مؤهَّلة للبلاد. وغدت مسرحيات استعراض القوة بين السياسيين المتنافسين في المعارك المحتدمة السمة الأبرز للسياسة الأمريكية، التي شهدت عروضا مختلفة انطوت على هجمات قبيحة وتشهير بذيء. وبات هناك شقاق بين الناخبين الداعمين لأحزاب مختلفة في ضوء التحريض من قبل السياسيين المتطرفين. وازدادت صعوبة تحدث المعسكرين إلى بعضهما البعض مع هيمنة التعصب السياسي المتنامي. وتفشت سياسات الكراهية في أرجاء البلاد وأضحت السبب الأساسي للاضطراب والانقسام المجتمعي المستمرين.

وأفاد تقرير نشره "مركز بيو للبحوث" في 13 نوفمبر عام 2020، أن الولايات المتحدة تمثل استثناء في طبيعة انقسامها السياسي. فثمة خلاف تتنامى حدته بين الديمقراطيين والجمهوريين بشأن الاقتصاد والعدالة العرقية والتغير المناخي وإنفاذ القانون والمشاركة الدولية

وقائمة طويلة من القضايا الأخرى. وسلطت الانتخابات الرئاسية لعام 2020 المزيد من الضوء على هذه الانقسامات العميقة الجذور. وقبل شهر واحد من الانتخابات، ذكر نحو ثمانية من كل عشرة ناخبين مسجلين لدى المعسكرين أن خلافاتهم مع الجانب الآخر تتعلق بما هو أكثر من مجرد السياسة والسياسات، إنها تتعلق كذلك بالقيم الأمريكية الجوهرية، فيما أعرب قرابة تسعة من كل عشرة ناخبين مسجلين لدى المعسكرين عن قلقهم من أن انتصار الطرف الآخر سيتسبب في "ضرر أبدي" للولايات المتحدة.

تحولت ضوابط وتوازنات السلطة إلى سياسات حق النقض. وكثفت الانقسامات بين الحزبين ممارسات استخدام حق النقض المترسخ في النظام الأمريكي. وتحول فصل وضبط وتوازن السلطة إلى استخدام الحزبين حق النقض ضد بعضهما البعض. خاض الحزبان معارك ضارية عملت على شل الكونجرس وعرقلت عملية صنع القرار. وبينما خرج تفشي كوفيد-19 عن نطاق السيطرة، لم يتعارك الحزبان معا بشأن عدة قضايا أخرى فحسب، بل جعلا من مشروع قانون الجولة الثانية لتدابير الإغاثة من كوفيد-19 أداة لحملاتهما الانتخابية، معطلين ومماطلين بعضهما البعض من أجل الأصوات، ما ترك ملايين الناس العاديين يواجهون أزمة في تأمين أرزاقهم. كما أدت سياسات حق النقض إلى مواجهات حادة بين الكونجرس والنظام الإداري وكذلك بين السلطات على المستويين الفيدرالي والولائي.

وخلال جائحة كوفيد-19، وقعت مواجهات ونزاعات متكررة بين الرئيس الجمهوري ومجلس النواب ذي الأغلبية الديمقراطية، وكذا

بين الحكومة الفيدرالية و"الولايات الزرقاء" الديمقراطية. تنافست الحكومة الفيدرالية مع الولايات في المسارعة للحصول على إمدادات مكافحة الفيروس، وكانت غالبا على خلاف مع "الولايات الزرقاء" بشأن سياسات الاستجابة للوضع الوبائي، بينما تم ترك الشعب في حالة من الحيرة. وذات مرة رتبت ولاية ماساتشوستس شراء ثلاثة ملايين قناع من نوع "إن95" لتلبية احتياجات عاجلة، لكن السلطات الفيدرالية صادرت الشحنة في ميناء نيويورك.

سلطت أعمال الشغب عقب الانتخابات الضوء على أزمة الديمقراطية الأمريكية. فالانتخابات لم تحل الخلافات السياسية في الولايات المتحدة، بل أججت المواجهات الاجتماعية. وأفاد تقرير نُشر يوم 4 نوفمبر عام 2020 على موقع صحيفة "ذا جارديان" أنه بغض النظر عن الفائز في انتخابات عام 2020، فإن الولايات المتحدة ستظل دولة منقسمة على نحو حاد وأن سياسات الغضب والكراهية ستكون هي الإرث. ومع توجيه اتهامات بأن الانتخابات شهدت العديد من أعمال التزوير، رفض المعسكر الجمهوري المهزوم قبول نتائج الانتخابات الرئاسية ورفع دعاوى قضائية في ميتشيجان وويسكونسين وبنسيلفانيا وجورجيا، داعيا إلى إعادة فرز بطاقات الاقتراع لقلب نتيجة الانتخابات من خلال ممارسة ضغوط على مسؤولي الانتخابات المحليين وتخويفهم. وأصر ترامب مرارا على أنه لن يقبل مطلقا بالهزيمة في الانتخابات، داعيا أنصاره للاحتجاج ضد مصادقة الكونجرس على نتيجة الانتخابات في العاصمة واشنطن. وتحول الخلاف الانتخابي إلى أعمال شغب في نهاية المطاف.

وفي 6 يناير عام 2021، نظم عشرات الآلاف من المحتجين الرافضين لقبول الهزيمة الانتخابية، مظاهرة حملت شعار "أنقذوا أمريكا" في العاصمة واشنطن. وخرق عدد كبير من المحتجين نظام الأمن واقتحموا مبنى الكونجرس، حيث اشتبكوا مع ضباط الشرطة. وتم على وجه السرعة إجلاء أعضاء الكونجرس الأمريكي وهم يرتدون أقنعة الغاز الخاصة بهم، حيث أطلقت الشرطة الغاز المسيل للدموع والرصاص لتفريق المحتجين. وتصرف المحتجون على نحو طائش بعد احتلال مبنى الكونجرس. وأسفرت أعمال الشغب عن عدة إصابات وعرقلت تصديق الكونجرس على النصر الانتخابي. وفرضت العاصمة واشنطن حظرا للتجوال ودخلت في حالة طوارئ.

وفي 7 يناير عام 2021، قال ستيفن سوند رئيس شرطة مبنى الكونجرس، إن آلاف الأفراد المتورطين في أعمال شغب عنيفة هاجموا ضباطا بأنابيب معدنية ومهيجات كيميائية وأسلحة أخرى، ما أدى إلى إصابة أكثر من 50 ضابط شرطة. وألقت الشرطة القبض على أكثر من 100 شخص في المجموع. وفي 7 يناير عام 2021، ذكرت ميشيل باشيليت، مفوضة الأمم المتحدة السامية لحقوق الإنسان، في بيان أن الهجوم على مبنى الكونجرس الأمريكي أبرز بجلاء التأثير المدمر للتشويه المستمر والمتعمد للحقائق والتحريض على العنف والكراهية من قبل قادة سياسيين.

أثارت الفوضى السياسية في واشنطن صدمة لدى العالم. ووصفت وسائل الإعلام الأمريكية تلك الفوضى بأنها المرة الأولى في التاريخ الأمريكي الحديث التي يتحول فيها انتقال السلطة إلى

قتال حقيقي في ممر السلطة بواشنطن. واتهمت العنف والفوضى والتخريب بإصابة الديمقراطية الأمريكية في الصميم وتوجيه ضربة قوية لصورة أمريكا كمنارة للديمقراطية. وعلقت صحيفة "لو فيجارو" الفرنسية قائلة إن حادث العنف أثار الاستياء وعدم الثقة بين مختلف المعسكرات في المجتمع الأمريكي، ودفع أمريكا إلى وضع مجهول.

وذكرت مجلة "فورين بوليسي" أن الولايات المتحدة تحولت إلى ما اعتاد قادتها إدانته: عدم القدرة على تجنب العنف والتدمير الدموي خلال نقل السلطة. وعلق الدبلوماسي اللبناني محمد صفا عبر وسائل التواصل الاجتماعي قائلا "إذا رأت الولايات المتحدة ما تفعله الولايات المتحدة في الولايات المتحدة، فستقوم الولايات المتحدة بغزو الولايات المتحدة لتحرير الولايات المتحدة من استبداد الولايات المتحدة".

ثالثا، الأقليات العرقية يدمرها التمييز العنصري

توجد العنصرية في الولايات المتحدة على نحو شامل وممنهج ومستمر. وقال الرئيس الأمريكي الأسبق باراك أوباما يائسا إنه "بالنسبة لملايين الأمريكيين، تعد المعاملة بطريقة مختلفة على أساس العرق أمرا 'طبيعيا' على نحو مأساوي ومؤلم وباعث على الجنون". وفي يونيو عام 2020، أدلت ميشيل باشيليت، مفوضة الأمم المتحدة السامية لحقوق الإنسان، بتصريحين إعلاميين متعاقبين، أكدت فيهما على أن الاحتجاجات التي أثارتها وفاة جورج فلويد، وهو أمريكي من أصل أفريقي، لم تسلط الضوء على قضية وحشية الشرطة ضد

الأشخاص الملونين فحسب، لكنها أبرزت بجلاء أيضا عدم المساواة والتمييز العرقي في الصحة والتعليم والتوظيف في الولايات المتحدة. يجب الإصغاء إلى المظالم ومعالجتها إذا أرادت البلاد التخلص من تاريخها المأساوي للعنصرية والعنف. وفي 17 يونيو عام 2020، عَقدت الدورة الـ43 لمجلس حقوق الإنسان التابع للأمم المتحدة مناقشةً عاجلة حول العنصرية. وكانت هذه هي المرة الأولى في تاريخ مجلس حقوق الإنسان التي يتم فيها عقد اجتماع عاجل حول قضايا حقوق الإنسان في الولايات المتحدة. وفي 9 نوفمبر تعرضت الولايات المتحدة لانتقاد شديد من قبل المجتمع الدولي بسبب التمييز العنصري وذلك خلال الدورة الثالثة من المراجعة الدورية الشاملة لمجلس حقوق الإنسان. وأشارت لجنة القضاء على التمييز العنصري التابعة للأمم المتحدة ومؤسسات أخرى إلى أن العنصرية في الولايات المتحدة مروعة.

يستخدم القوميون البيض والنازيون الجدد وتنظيم كو كلوكس كلان بشكل علني شعارات وهتافات وتحيات عنصرية للترويج لتفوق البيض والتحريض على التمييز والكراهية على أساس عرقي. كان الاستخدام المتزايد للغة الانقسامية ومحاولات تهميش الأقليات العرقية والإثنية والدينية في الخطاب السياسي بمثابة دعوة إلى التحرك، ما سهل العنف وعدم التسامح والتعصب الأعمى. وترى تينداي أتشيومي، مقررة الأمم المتحدة الخاصة المعنية بالأشكال المعاصرة من العنصرية والتمييز العرقي وكراهية الأجانب وأوجه التعصب ذات الصلة، أنه بالنسبة للسود في الولايات المتحدة، فإن النظام القانوني المحلي أخفق تماما في الاعتراف بانعدام العدالة العرقية والتمييز

العنصري المترسخين بشدة في إنفاذ القانون ومواجهتهما.

تم انتهاك حقوق الهنود الأمريكيين. تاريخيا، نفذت الولايات المتحدة عمليات إبادة جماعية ومذابح ممنهجة للهنود، وارتكبت جرائم لا حصر لها ضد الإنسانية. ولا يزال الهنود الأمريكيون يعيشون حياة مواطنين من الدرجة الثانية ويتم الجور على حقوقهم. فالعديد من المجتمعات محدودة الدخل في الولايات المتحدة، مثل الهنود الأمريكيين وغيرهم من السكان الأصليين، يعانون من معدلات مرتفعة للإصابة بالسرطان وأمراض القلب جراء البيئات الإشعاعية السامة. ويعيش الكثير من السكان الأصليين بالقرب من مكبات النفايات الخطرة ولديهم معدل مرتفع على نحو غير طبيعي من العيوب الخلقية.

وفي 5 أغسطس عام 2020، شجب تقرير مقرر الأمم المتحدة الخاص المعني بآثار الإدارة السليمة بيئيا للمواد والنفايات الخطرة والتخلص منها على حقوق الإنسان، والمقدم بموجب قرار مجلس حقوق الإنسان 36/15، شجب وضع السكان الأصليين في الولايات المتحدة. وأوضح التقرير أنهم يتعرضون لملوثات سامة منبعثة أو ناتجة عن صناعات استخراجية وأعمال الزراعة والتصنيع وكذلك التخلص من النفايات الناجمة عنها، بما في ذلك نفايات نووية. وأشار إلى أن تلوث التربة والتلوث بغبار الرصاص الناجمين عن نفايات التعدين يشكلان تهديدا صحيا أكثر خطورة للسكان الأصليين في الولايات المتحدة أكثر من أي مجموعات أخرى.

وكشف تقرير المقرر الخاص المعني بحرية الدين أو المعتقد، بمقتضى قرار الجمعية العامة 74/145، كشف أن الولايات

المتحدة كانت قد طرحت أراضي سكان أصليين، قبيلة ستاندينج روك سيوكس، للاستثمار دون موافقة ذلك التجمع السكاني أو في انتهاك لملكيتهم العرفية والجماعية للأراضي. وأفاد تقرير المقرر الخاص المعني بالسكن اللائق كعنصر من عناصر الحق في مستوى معيشي مناسب، بموجب قرار مجلس حقوق الإنسان 43/14، أفاد أن بعض التداعيات الأشد تدميرا لكوفيد-19 شعرت بها الأقليات العرقية والإثنية والسكان الأصليون. وفي الولايات المتحدة، بلغ معدل استقبال المستشفيات للأمريكيين الأصليين خمسة أضعاف مثيله للأمريكيين البيض غير اللاتينيين، كما أن معدل الوفاة بين الأمريكيين الأصليين يتجاوز بفارق كبير نظيره بين الأمريكيين البيض.

تصاعد التنمر ضد الأمريكيين الآسيويين. منذ ظهور الجائحة، وقعت في كل مكان حوادث إهانة للأمريكيين الآسيويين وصلت إلى حد الاعتداء عليهم في الأماكن العامة، كما أن بعض الساسة الأمريكيين ضللوا الجمهور عن عمد. وتضمن تقرير نشره موقع صحيفة "ذا نيويورك تايمز" يوم 16 أبريل عام 2020، تضمن عبارة تقول "إنه لشعور حقيقي بالوحدة أن تكون آسيويا في الولايات المتحدة خلال الجائحة المستشرية".

وأظهر مسح عن الشباب الأمريكيين المنحدرين من أصل آسيوي، أنه في العام الماضي أصبح ربع الأمريكيين الآسيويين أهدافا للتنمر العرقي، الذي غذته التصريحات العنصرية للزعيم الأمريكي، وأن زهاء نصف المستطلعة آراؤهم عبروا عن تشاؤمهم حيال وضعهم، فيما أبدى ربع المشاركين بالمسح الخشية إزاء وضعهم ووضع

أسرهم، وفقا لتقرير نشره الموقع الإلكتروني لهيئة الإذاعة الوطنية في 17 سبتمبر عام 2020.

وفي 23 مارس و 21 أبريل من عام 2020، ذكرت تينداي أتشيومي، مقررة الأمم المتحدة الخاصة المعنية بالأشكال المعاصرة من العنصرية والتمييز العرقي وكراهية الأجانب وأوجه التعصب ذات الصلة، أن ساسة دول معنية بادروا بإطلاق تصريحات مباشرة أو تلميحية معادية للأجانب، مستخدمين أسماء بديلة ذات دوافع خفية لفيروس كورونا الجديد، مشيرة إلى أن تصريحاتهم التي ربطت مرضا معينا بدولة أو إثنية بعينها كانت غير مسؤولة ومقلقة، وأن مسؤولين حكوميين أمريكيين حرضوا علانية وقادوا وتغاضوا عن التمييز العنصري، وهو ما يرقى إلى ازدراء المفاهيم الحديثة لحقوق الإنسان.

أبرز المعدل المرتفع لجرائم الكراهية تدهور العلاقات بين العرقيات. وكشف تقرير لمكتب التحقيقات الفيدرالي صدر في عام 2020 أن 57.6 بالمئة من 8302 جريمة كراهية بدافع التحيز الفردي سجلتها وكالات إنفاذ القانون في عام 2019، كانت بدافع التحيز للعرق/الإثنية/السلالة. ومن بين تلك الجرائم، كانت 48.4 بالمئة منها مدفوعة بالتحيز المناهض للسود أو الأمريكيين الأفارقة و 15.8 بالمئة منها نابعة من التحيز المناهض للبيض و 14.1 بالمئة منها مصنفة بأنها تحيز مناهض للاتينيين و 4.3 بالمئة ناتجة عن التحيز المناوئ للآسيويين.

ومن بين 4930 ضحية لجرائم الكراهية العنصرية، كان هناك

2391 ينحدرون من أصول أفريقية. وبحسب تقرير نشره موقع صحفية "يو.إس.أيه توداي" في 20 مايو فإن بعض الأمريكيين أنحوا باللائمة في تفشي الجائحة على الأمريكيين الآسيويين، وإن هناك عددا متزايدا من جرائم الكراهية وحوادث المضايقة والتمييز ضد الأمريكيين الآسيويين. وكشفت إحصاءات من منظمة الحقوق المدنية "Stop AAPI Hate" أنه كان هناك أكثر من 2300 جريمة كراهية مناهضة للآسيويين في الولايات المتحدة خلال الأشهر السبعة الأولى من عام 2020.

العنف الشرطي غير المنضبط أفضى إلى وفيات متعددة بين الأمريكيين الأفارقة. في 13 مارس عام 2020، قُتلت بريونا تايلور، وهي سيدة أمريكية من أصل أفريقي عمرها 26 عاما، برصاص الشرطة في منزلها، حيث وُجهت إليها ثماني رصاصات. وفي 25 مايو عام 2020، قُتل جورج فلويد، وهو أمريكي من أصل أفريقي عمره 46 عاما، بعد أن جثا شرطي أبيض على عنقه في الشارع. وفي 23 أغسطس عام 2020، تعرض جاكوب بلاك، وهو أمريكي من أصل أفريقي عمره 29 عاما، لإصابات بالغة بعد أن قام ضباط شرطة بإطلاق سبع رصاصات عليه في ظهره بينما كان بلاك يحاول استقلال سيارة. وفي ذلك الوقت، كان أطفال بلاك الثلاثة داخل السيارة يشاهدون هذا المشهد المروع. وقتلت الشرطة الأمريكية برصاصها 1127 شخصا خلال عام 2020، حيث لم تُسجل عمليات قتل خلال 18 يوما فقط، وفق ما ذكرت "مجموعة رسم خرائط عنف الشرطة".

يشكل الأمريكيون الأفارقة 13 بالمئة من تعداد سكان الولايات المتحدة، لكنهم مثلوا 28 بالمئة من أولئك الذين قُتلوا على يد الشرطة. فالأمريكيون الأفارقة أكثر عرضة بنحو ثلاثة أضعاف للقتل على يد الشرطة مقارنة مع نظرائهم البيض. وخلال الفترة من عام 2013 إلى عام 2020، لم يُوجه اتهام بارتكاب جريمة ضد 98 بالمئة من أفراد الشرطة المتورطين في قضايا إطلاق نار، بينما كان عدد المدانين أقل من ذلك.

تضرر الملونون بشكل أكبر جراء الجائحة. كشف معدل الإصابة ومعدل الوفاة بكوفيد-19 في الولايات المتحدة عن اختلافات عرقية كبيرة، حيث كان معدل الإصابة، ودخول المستشفى، والوفاة بين الأمريكيين الأفارقة ثلاثة أضعاف وخمسة أضعاف وضعفي المعدل بين نظرائهم البيض على الترتيب، وفق ما ذكر تقرير قدمته مجموعة خبراء العمل بشأن المنحدرين من أصل أفريقي إلى مجلس حقوق الإنسان التابع للأمم المتحدة في 21 أغسطس عام 2020.

وأفاد تقرير نشره موقع صحيفة "فاينانشيال تايمز" يوم 15 مايو عام 2020 أنه "لا شيء يبرز حدة التفاوتات المرتبطة بلون البشرة في الولايات المتحدة أكثر من الحياة والموت خلال الإغلاق الكبير". وامتدت التباينات العرقية بشأن فيروس كورونا في الولايات المتحدة لتطال الأطفال، وفق تقارير أصدرتها المراكز الأمريكية لمكافحة الأمراض والوقاية منها في 7 أغسطس عام 2020. وبلغ معدل دخول الأطفال اللاتينيين المصابين بكوفيد-19 إلى المستشفيات ثمانية أضعاف المعدل للأطفال البيض، بينما بلغ معدل دخول الأطفال

المنحدرين من أصل أفريقي إلى المستشفيات خمسة أضعاف المعدل بين نظرائهم البيض.

وفي خبر تم نشره في 10 يوليو عام 2020، نقلت صحيفة "لوس أنجلوس تايمز" عن باربارا فيرير، مديرة الصحة العامة في مقاطعة لوس أنجلوس، قولها إن التأثير غير المتناسب لفيروس كورونا على المقيمين المنحدرين من أصول أفريقية ولاتينية، تمتد جذوره إلى تأثير العنصرية والتمييز في الوصول إلى الموارد والفرص اللازمة للتمتع بصحة جيدة".

وأورد مقال نشرته صحيفة "يو.إس.أيه توداي"، أن كوفيد-19 حصد من أرواح الأمريكيين الملونين أعدادا تفوق بكثير ما حصده من أعداد الأمريكيين البيض، وهو ما قد يُعزى إلى عدم المساواة في الأنظمة التعليمية والاقتصادية الأمريكية التي تترك الملونين على نحو غير متكافئٍ بعيدين عن وظائف ذات دخل أعلى، والتمييز في السكن الذي يجمع الملونين في أحياء شديدة الاكتظاظ، فضلا عن سياسات بيئية صاغها سماسرة السلطة من البيض على حساب الفقراء. وبحسب بيانات جمعتها صحيفة "يو.إس.أيه توداي" فإنه من بين المقاطعات الأمريكية العشر ذات المعدلات الأعلى للوفاة جراء كوفيد-19، هناك سبع مقاطعات تقطنها أغلبية من الملونين، ومن بين أكبر 50 مقاطعة من حيث معدلات الوفاة، هناك 31 مقاطعة أغلب سكانها من الملونين.

واجه الملونون تهديدا أكبر بالبطالة. وعلق مقال نشرته صحيفة "ذا جارديان" في 28 أبريل عام 2020، بأن ظاهرة "آخر المُعينين،

أول المفصولين" مثلت الواقع الأكثر إثارة للإحباط بين الأمريكيين الأفارقة. وكشف تقرير أصدرته وزارة العمل الأمريكية في 8 مايو عام 2020، أن معدل البطالة بين الأمريكيين الأفارقة واللاتينيين ارتفع إلى 16.7 بالمئة و 18.9 بالمئة على الترتيب في شهر أبريل، وأن كلا الرقمين سجل بذلك مستوى قياسيا. وأفادت صحيفة "ذا واشنطن بوست" في 4 يونيو عام 2020، أنه بعد الإغلاق الكبير في فصل الربيع، كان أقل من نصف جميع الأمريكيين الأفارقة البالغين لديهم وظيفة. وأظهرت البيانات الصادرة عن وزارة العمل الأمريكية في سبتمبر أن معدل البطالة بين الأمريكيين الأفارقة يكاد يقارب ضعفي المعدل بين نظرائهم من البيض.

وأفادت صحيفة "ذا كريستيان ساينس مونيتور" في 20 يوليو عام 2020، أن قادة النقابات العمالية دعوا إلى إضراب عمالي وطني في أكثر من عشرين مدينة أمريكية احتجاجا على العنصرية الممنهجة وانعدام المساواة الاقتصادية، واللذين تفاقمت حدتهما خلال جائحة فيروس كورونا الجديد.

التمييز العنصري المنهجي قائم في إنفاذ القانون والعدالة. أورد موقع صحيفة "كورير جورنال" في 17 ديسمبر عام 2020، أنه رغم أن الأمريكيين الأفارقة يشكلون زهاء 20 بالمئة ممن هم في سن القيادة من سكان لويفيل، إلا أنهم مثلوا 57 بالمئة من عمليات التفتيش عن مواد مهربة، رغم أن الشرطة وجدت مواد مهربة في 72 بالمئة من عمليات التفتيش لدى البيض، بالمقارنة مع 41 بالمئة لدى الأمريكيين الأفارقة. وخلال الأعوام الثلاثة الماضية، شكل الأمريكيون

الأفارقة 43.5 بالمئة من عمليات التوقيف من قبل إدارة شرطة مترو لويفيل. ويمثل الأمريكيون الأفارقة قرابة 13 بالمئة من تعداد سكان الولايات المتحدة، لكنهم يشكلون زهاء ثلث نزلاء السجون في البلاد، وهو ما يعني أن هناك أكثر من ألف سجين أمريكي من أصل أفريقي بين كل 100 ألف من الأمريكيين المنحدرين من أصل أفريقي.

يشكل الشباب الملونون نحو ثلث المراهقين في الولايات المتحدة، لكنهم يمثلون ثلثي الشباب المسجونين، وفق تقرير أصدره "المؤتمر الوطني للمجالس التشريعية على مستوى الولايات" في 15 يوليو عام 2020. وأفادت "إذاعة آيوا الإخبارية العامة" في 18 ديسمبر عام 2020، أنه في سجون آيوا يصل معدل السجن بين السكان المنحدرين من أصول أفريقية في الولاية إلى 11 ضعفا للمعدل بين سكانها من البيض. وأن المنحدرين من أصول أفريقية بالمقارنة مع البيض قد يواجهون حكما بالسجن لمدة أطول على نفس الجريمة. وأفادت صحيفة "لوس أنجلوس تايمز" في 15 سبتمبر عام 2020، أن الأمريكيين الأفارقة أكثر حضورا في صفوف الوفيات في أنحاء الولايات المتحدة وأن من يَقتلون الأمريكيين المنحدرين من أصول أفريقية أقل عرضة لمواجهة عقوبة الإعدام مقارنة مع الأشخاص الذين يقتلون أشخاصا من البيض.

وذكرت "ديفيس فانجارد" في 4 ديسمبر عام 2020 أن الأشخاص الملونين يشكلون نسبة غير متكافئة تبلغ 43 بالمئة من حالات الإعدام في الولايات المتحدة منذ عام 1976، وأن 55 بالمئة من المدعى عليهم الذين ينتظرون حاليا تنفيذ حكم الإعدام بحقهم هم

من الملونين. وأوردت مقالة نشرتها صحيفة "ميامي هيرالد" في 18 ديسمبر عام 2020، عبارة تقول "إننا نعيش في بلد يتم فيه تحديد نظامنا للعدالة الجنائية على حسب حجم محفظتك ولون بشرتك. ولا يتجلى ذلك بشكل أبرز مما هو عليه في عقوبة الإعدام".

التمييز العرقي في أماكن العمل كان متجذرا بعمق. ووفقا لتقرير نشرته شبكة "سي.بي.إس نيوز" يوم 7 أكتوبر عام 2020، فإن أكثر من عشرين من العملاء السود الحاليين والسابقين الذين تمت مقابلتهم تحدثوا عن نوع من التمييز العنصري أثناء عملهم في مكتب التحقيقات الفيدرالي. وبالنسبة لأهم عشرة مناصب قيادية في مكتب التحقيقات الفيدرالي، فجميعها يشغلها البيض. وفي الوقت الراهن، فإن أربعة بالمئة فقط من عملاء مكتب التحقيقات الفيدرالي البالغ عددهم 13 ألف عميل، هم من السود، كما أن النساء من السود يمثلن واحدا بالمئة فقط، وهو رقم يكاد يكون ثابتا منذ عقود. وثمة مشاكل طويلة الأمد مثل الاستبعاد غير المتناسب للمتقدمين لشغل وظائف من السود خلال عملية التدريب. وبصفته رئيسا للجنة تنوع شؤون السود في مكتب التحقيقات الفيدرالي، وصف إريك جاكسون ذلك الوضع بـ"العنصرية المؤسسية".

وكشف تقرير نشرته صحيفة "لوس أنجلوس تايمز" في 2 يوليو عام 2020، أن شركة فيسبوك اتُهمت بالتمييز الممنهج خلال توظيف السود وتعويضهم وترقيتهم. وأظهرت أرقام فيسبوك أن 1.5 بالمئة فقط من الموظفين الذين يضطلعون بأدوار تقنية في الولايات المتحدة كانوا من السود في عام 2019، وأن 3.1 بالمئة فقط من القيادات

العليا كانوا من السود. ولم تتغير هذه النسب المئوية إلا بقدر ضئيل رغم أن الشركة أضافت عشرات الآلاف إلى قوتها العاملة التي نمت بنسبة 400 بالمئة على مدار الأعوام الخمسة المنصرمة.

التمييز الاجتماعي ضد الأقليات العرقية صار متفشيا. وجد استطلاع للرأي أجرته صحيفة "ذا وول ستريت جورنال" و شبكة "إن.بي.سي نيوز" وتم نشره في 9 يوليو عام 2020، أن العديد من الناخبين الأمريكيين، 56 بالمئة على وجه التحديد، يعتقدون أن المجتمع الأمريكي عنصري وأن السود واللاتينيين يتعرضون للتمييز. وأفاد تقرير نشرته صحيفة "لوس أنجلوس تايمز" يوم 14 يوليو عام 2020، أنه بعد حادث وفاة جورج فلويد، أدرك المزيد من الأمريكيين البيض التمييز العنصري الخطير في الولايات المتحدة. وأظهر مسح أن المستطلعة آراؤهم من البيض باتوا أكثر قابلية، بواقع 18 نقطة إضافية، للاعتقاد بأن الأمريكيين السود يتعرضون للتمييز بشكل متكرر (لترتفع النسبة من 22 إلى 40 بالمئة)، كما أصبحوا أكثر احتمالية، بمعدل 10 نقاط إضافية، للاعتقاد بأن اللاتينيين يتعرضون للتمييز بشكل متكرر (لتزيد النسبة من 22 بالمئة إلى 32 بالمئة)، وصاروا أكثر ميلا، بواقع 13 نقطة إضافية، للاعتقاد بأن الآسيويين يتم التمييز ضدهم بشكل متكرر (لتصعد النسبة من 7 بالمئة إلى 20 بالمئة).

انعدام المساواة بين العرقيات ازداد تفاقما. كشف باحثون من جامعة شيكاغو وجامعة نوتردام، أن معدل الفقر في الولايات المتحدة قفز بواقع 2.4 نقطة مئوية خلال الفترة من يونيو إلى نوفمبر عام

2020، بينما ارتفع معدل الفقر بين الأمريكيين الأفارقة بواقع 3.1 نقطة مئوية. وأظهرت الإحصاءات أن متوسط ثروة الأسرة البيضاء (تُقاس بإجمالي الأصول المملوكة للعائلة مطروحا منه إجمالي ديون الأسرة) يعادل 41 ضعفا لمتوسط ثروة الأسرة المنحدرة من أصل أفريقي ويوازي 22 ضعفا لمتوسط ثروة الأسرة المنحدرة من أصل لاتيني.

وفي 13 أكتوبر عام 2020 ذكرت وكالة "أسوشييتد برس"، نقلا عن بيانات صادرة عن مجلس الاحتياطي الفيدرالي، أن 33.5 بالمئة فقط من الأسر الأمريكية المنحدرة من أصل أفريقي كانت تمتلك أسهما مالية في عام 2019، مقارنة مع نسبة بلغت نحو 61 بالمئة للأسر الأمريكية البيضاء. وكشفت صحيفة "يو.إس.أيه توداي" في 23 أكتوبر عام 2020 أنه خلال الربع الأول من عام 2020، بلغ المعدل الوطني لملكية المنازل بالنسبة للأسر الأمريكية البيضاء 73.7 بالمئة قياسا إلى 44 بالمئة فقط للأسر الأمريكية المنحدرة من أصول أفريقية. وأوردت صحيفة "ذا واشنطن بوست" في 4 يونيو عام 2020، أن أكثر من أسرة واحدة من بين كل خمس أسر أمريكية منحدرة من أصول أفريقية تبلغ حاليا عن أنها غالبا أو أحيانا لا تجد ما يكفيها من الطعام -- وهو ما يزيد على ثلاثة أضعاف المعدل بالنسبة للأسر الأمريكية البيضاء. وذكر تقرير لشبكة "أيه.بي.سي نيوز" في 11 أكتوبر عام 2020، أن 15.7 بالمئة من المنحدرين من أصل لاتيني عاشوا في فقر في عام 2019، وهو رقم يتجاوز ضعفي المعدل لنظرائهم البيض.

رابعا، الاضطرابات الاجتماعية المتواصلة تهدد السلامة العامة

أخفقت الحكومة في الحفاظ على القانون والنظام المناسبين، وسجلت حوادث إطلاق النار وجرائم العنف، التي كانت تقع بمعدل مرتفع بالفعل، مستويات قياسية جديدة خلال جائحة كوفيد-19، ما أدى إلى حالة من الذعر بين عامة الناس. وأثار لجوء الشرطة غير المنضبط للعنف خلال إنفاذ القانون، موجات من الاحتجاجات عمت أرجاء البلاد. وأساءت الشرطة استخدام قوتها لقمع المحتجين، وقامت على نطاق واسع بالاعتداء على صحفيين وتوقيفهم، ما أجج بشكل أكبر الغضب العام والاضطرابات الاجتماعية المتواصلة.

شهدت معدلات الجريمة ارتفاعا وسط الجائحة. بينما تراجعت على نحو حاد الأنشطة في الأماكن المفتوحة نتيجة تدابير الاستجابة المختلفة للوباء، ارتفعت معدلات الجريمة في المدن الكبرى خلال الجائحة. وبحسب تقرير الجريمة الموحد الأولي لمكتب التحقيقات الفيدرالي الصادر في سبتمبر عام 2020، فإنه خلال النصف الأول من العام الماضي، ارتفع عدد جرائم القتل والقتل غير العمد بواقع 14.8 بالمئة على أساس سنوي، مع تسجيل المدن التي يتراوح عدد قاطنيها بين 250 ألفا و 500 ألف نسمة، زيادة بنسبة 26 بالمئة. وخلال ذات الفترة زاد عدد جرائم الحرق العمد بنسبة 19 بالمئة على أساس سنوي، فيما ارتفعت تلك الجرائم بنسبة 52 بالمئة في المدن التي يصل عدد سكانها إلى مليون نسمة فأكثر. وقفز عدد جرائم

القتل في شيكاغو بنسبة 37 بالمئة، فيما ارتفع عدد حرائق العمد في المدينة بمعدل 52.9 بالمئة. وسجلت مدينة نيويورك ارتفاعا بنسبة 23 بالمئة في جرائم القتل، بينما شهدت لوس أنجلوس زيادة بواقع 14 بالمئة في جرائم القتل.

عدد جرائم العنف بقي عند مستوى مرتفع. بحسب تقارير مكتب التحقيقات الفيدرالي الصادرة في عام 2020، فإن ما يقدر بـ 1.2 مليون جريمة عنف وقعت في الولايات المتحدة في عام 2019، بينها 16425 جريمة قتل و139815 جريمة اغتصاب و267988 عملية سطو و821182 اعتداء خطيرا، وهو ما يترجم إلى خمس جرائم قتل وأكثر من 40 جريمة اغتصاب و80 عملية سطو و250 اعتداء خطيرا لكل 100 ألف من السكان.

مبيعات الأسلحة وحوادث إطلاق النار سجلت مستويات قياسية جديدة. كشفت دراسة من جامعة كاليفورنيا-ديفيس، أن الزيادة الكبيرة في عنف الأسلحة النارية في الولايات المتحدة مرتبطة بارتفاع شراء الأسلحة في ضوء تفشي فيروس كورونا الجديد. فمع تنامي الخوف من الفيروس، دفع شعور بعدم الاستقرار حتى الأشخاص الذين كانوا يعتبرون أنفسهم ضد شراء الأسلحة، دفعهم لشراء أسلحة لأول مرة. وأوردت صحيفة "ذا واشنطن بوست" على موقعها الإلكتروني في يوم 19 يناير عام 2021، أن عمليات الإغلاق جراء كوفيد-19 والاحتجاجات المناهضة للعنصرية والصراعات الانتخابية أدت جميعها إلى مبيعات قياسية للأسلحة بلغت نحو 23 مليون قطعة سلاح في عام 2020، بزيادة 64 بالمئة مقارنة مع مبيعات عام

2019. ووفقا للمؤسسة الوطنية لرياضات الرماية فإن أرقام عام 2020 تتضمن عمليات شراء قام بها 8 ملايين شخص اشتروا السلاح لأول مرة.

وذكرت صحيفة "يو.إس.أيه توداي" على موقعها الإلكتروني يوم 18 ديسمبر عام 2020، أنه فيما يتعلق بجرائم القتل بالأسلحة، فإن الولايات المتحدة سجلت على نحو تاريخي معدلا يزيد بواقع 25 ضعفا عن الدول الغنية الأخرى. وبحسب بيانات من أرشيف العنف المسلح، فإن أكثر من 41500 شخص قتلوا جراء العنف المسلح في أرجاء البلاد خلال عام 2020، بمتوسط يزيد على 110 أشخاص في اليوم الواحد، وهو ما يعد مستوى قياسيا. كما وقع 592 حادث إطلاق نار جماعي في أنحاء البلاد، بمتوسط يزيد على 1.6 حادث يوميا. وأسفرت حوادث إطلاق نار في مقاطعة تشاتام في نورث كارولينا، ومقاطعة ريفرسايد في كاليفورنيا، ومقاطعة مورجان في آلاباما عن إزهاق أرواح سبعة أشخاص في كل منها. كما كانت هناك نهاية أسبوع مميتة في شيكاغو في أواخر مايو من عام 2020، حيث أصيب 85 شخصا في إطلاق نار، وكانت بينهم 24 إصابة قاتلة. وبعد ظهر يوم 9 يناير عام 2021، قام جاسون نايتنجال البالغ من العمر 32 عاما، بإطلاق النار بشكل عشوائي في شيكاغو، ما أدى إلى مقتل ثلاثة أشخاص وإصابة أربعة آخرين.

وفاة جورج فلويد جراء وحشية الشرطة أثارت الاضطرابات. في 25 مايو عام 2020، توفي جورج فلويد، وهو أمريكي من أصل أفريقي عمره 46 عاما من ولاية مينيسوتا، بعد أن جثا ضابط شرطة

أبيض على عنقه لمدة ثماني دقائق خلال القبض عليه بتهمة التزوير. وقال جاكوب فراي، عمدة مينيابوليس، إن ما شاهده كان "خطأ على كل المستويات"، مشيرا إلى أنه "كونك أسود في أمريكا لا يجب أن يكون حكما بالإعدام". وقال بن كرامب محامي الحقوق المدنية في بيان إن "هذا الاستخدام السيئ والمفرط واللاإنساني للقوة أزهق حياة رجل كان يجري توقيفه من قبل الشرطة للاستجواب بشأن تهمة غير عنيفة".

وقالت كريستين كلارك، الرئيسة والمديرة التنفيذية للجنة المحامين الوطنية للحقوق المدنية بموجب القانون "إن أعماق اليأس هائلة الآن بالنسبة للمنحدرين من أصل أفريقي في هذه البلاد. يتراكم لديك العنف غير المنضبط من قبل الشرطة، وهو ما يجهز لعاصفة بكل معنى الكلمة". وأثارت وحشية الشرطة غضبا عارما، أدى إلى احتجاجات لدعم حركة "حياة السود مهمة" في أنحاء الولايات المتحدة وكذلك في العديد من البلدان الأخرى. وتصاعدت الاضطرابات في أنحاء البلاد، حيث قام المحتجون بإغلاق الشوارع ووضع الحواجز لمواجهة الشرطة. وتعرض عدد كبير من مراكز الشرطة والمؤسسات العامة ومراكز التسوق للنهب. وأوردت صحيفة "ذا جارديان" على موقعها الإلكتروني يوم 8 يونيو عام 2020، أنه منذ وفاة جورج فلويد على يد الشرطة، فإن نحو 140 مدينة في جميع الولايات الخمسين في أنحاء الولايات المتحدة، شهدت احتجاجات وتظاهرات ردا على عملية القتل هذه.

تم قمع المتظاهرين بالقوة. وفي مواجهة المظالم العامة العميقة، صب زعيم الإدارة الأمريكية آنذاك الزيت على النار بنشر عدد كبير

من جنود الحرس الوطني في أنحاء البلاد والدعوة إلى إطلاق النار. ومع استهدافهم بالرصاص المطاطي المتطاير والغاز المسيل للدموع في مواقع التظاهرات، شعر الناس بالرعب وسقط المجتمع في حالة من الفوضى. كان العملاء الفيدراليون الأمريكيون يلقون القبض على المحتجين دون سبب على ما يبدو. وأُلقي القبض على أكثر من 10 آلاف شخص، بينهم العديد من الأبرياء. وأدى إعلان مقتل بريونا تايلور، وهي سيدة أمريكية من أصل أفريقي، خلال مداهمة للشرطة إلى تأجيج موجة متجددة من احتجاجات حركة "حياة السود مهمة" خلال عام 2020، حيث أعلنت مدينة لويفيل وحدها عن توقيف 435 فردا خلال الاحتجاجات. وذكرت صحيفة "ذا جارديان" على موقعها الإلكتروني يوم 29 أكتوبر عام 2020 أن ما لا يقل عن 950 حادثا يدلل على وحشية الشرطة ضد المدنيين والصحفيين وقعت خلال الاحتجاجات المناوئة للعنصرية منذ مايو 2020. واستخدمت الشرطة الرصاص المطاطي والغاز المسيل للدموع "والقوة المميتة غير القانونية" ضد المحتجين.

تعرض الصحفيون لاعتداءات غير مسبوقة من قبل قوات إنفاذ القانون. وكان هناك ما لا يقل عن 117 عملية توقيف أو اعتقال لصحفيين خلال قيامهم بتغطية الاحتجاجات المناهضة للعنصرية في الولايات المتحدة في عام 2020، بزيادة بنسبة 1200 بالمئة مقارنة مع أرقام عام 2019. ونشرت صحيفة "ذا جارديان" على موقعها الإلكتروني يوم 5 يونيو عام 2020، أن الصحفيين تعرضوا للضرب والرش برذاذ الفلفل وتوقيف الشرطة لهم بأعداد لم توثق مطلقا

من قبل في الولايات المتحدة. وكانت هناك 148 عملية توقيف أو اعتداء على صحفيين في البلاد خلال أسبوع واحد بعد حادث مقتل جورج فلويد، وهو ما يتجاوز ما تم تسجيله خلال السنوات الثلاث السابقة مجتمعة. وذكرت لجنة حماية الصحفيين في بيان صدر في 14 ديسمبر عام 2020، أن الصحفيين الأمريكيين واجهوا اعتداءات غير مسبوقة في عام 2020، كان أغلبها على يد قوات إنفاذ القانون.

خامسا، الاستقطاب المتنامي بين الأغنياء والفقراء يفاقم انعدام المساواة الاجتماعية

دفع وباء كوفيد-19 الولايات المتحدة إلى أسوأ انكماش اقتصادي منذ الحرب العالمية الثانية، حيث أوصد عدد كبير من الشركات الأبواب، وفقد العمال وظائفهم، واتسعت الهوة بين الأغنياء والفقراء، وصارت حياة الناس في قاع المجتمع بائسة.

اتسعت الفجوة بين الأغنياء والفقراء. نشر موقع "بلومبيرج" في 8 أكتوبر عام 2020، أن أغنى 50 أمريكيا يمتلكون الآن ثروة تضاهي تقريبا بحوزة أفقر 165 مليون فرد في البلاد. وأن أغنى واحد بالمئة من الأمريكيين لديهم قيمة صافية إجمالية من الثروة تعادل 16.4 ضعف ما يمتلكه أفقر 50 بالمئة من سكان البلاد. وفاقم الوباء من انعدام المساواة في توزيع الثروة. وأفاد موقع "فوربس" في 11 ديسمبر عام 2020، أنه خلال الأشهر التي سبقت الجائحة، ارتفع صافي القيمة المجمعة من الثروة لدى أصحاب المليارات في الولايات المتحدة والبالغ عددهم 614 مليارديرا، ارتفع بواقع 931

مليار دولار أمريكي. وقفز معدل الفقر في الولايات المتحدة إلى 11.7 بالمئة في نوفمبر عام 2020 من 9.3 بالمئة في يونيو، وفق ما ذكر باحثون من جامعة شيكاغو وجامعة نوتردام.

أدى الوباء الخارج عن السيطرة إلى بطالة جماعية. كانت سرعة ونطاق عمليات إغلاق الأعمال وفقدان الوظائف خارج نطاق المقارنة، وفق ما ذكر تقرير نشره موقع صحيفة "ذا واشنطن بوست" يوم 9 مايو عام 2020. وفقد نحو 20.5 مليون شخص وظائفهم بشكل مفاجئ، وهو ما يعادل نحو ضعفي ما سجلته البلاد خلال فترة الأزمة المالية بأكملها والتي امتدت من عام 2007 إلى عام 2009. وفي أبريل عام 2020، ارتفع معدل البطالة إلى 21.2 بالمئة في صفوف الحاصلين على شهادات دون الثانوية العامة، وهو ما تجاوز الرقم القياسي السابق المسجل خلال الركود العظيم. وأورد موقع صحيفة "يو.إس.أيه توداي" في 8 أغسطس عام 2020، أن 33 منطقة حضرية في الولايات المتحدة سجلت معدل بطالة يزيد على 15 بالمئة في يونيو عام 2020، فضلا عن أن نحو 11.5 مليون امرأة أمريكية فقدن وظائفهن بين فبراير ومايو عام 2020.

عانى عشرات ملايين الناس من نقص الغذاء خلال الوباء. ذكر تقرير تحليلي تم تحديثه في أكتوبر عام 2020 من قبل منظمة "فيدينج أميركا"، أن أكثر من 50 مليون شخص — أي واحد من كل ستة أمريكيين، بينهم طفل من كل أربعة أطفال — ربما عانوا من انعدام الأمن الغذائي خلال عام 2020. وأفاد موقع صحيفة "ذا جارديان" في 25 نوفمبر عام 2020، أنه على مستوى البلاد ارتفع

الطلب على المساعدات الغذائية بنحو 60 بالمئة مقارنة مع أوقات ما قبل الجائحة، وأن ملايين الأمريكيين يَلزمهم الاعتماد على الأعمال الخيرية لوضع عشاء عيد الشكر على موائدهم في عام 2020.

تراجعت تغطية التأمين الصحي. لا يوجد في الولايات المتحدة تأمين صحي شامل بسبب الاستقطاب السياسي. وعلى وقع الوباء، تقلص على نحو حاد عدد الأشخاص الذين يتمتعون بتأمين صحي. وخلال الفترة من مارس إلى مايو عام 2020، فقد ما يقدر بـ27 مليون أمريكي تغطية التأمين الصحي أثناء الجائحة. وفي ولاية تكساس وحدها، ارتفع عدد غير المؤمن عليهم صحيا من 4.3 مليون شخص إلى نحو 4.9 مليون، وهو ما يعني أن ثلاثة من كل 10 أفراد من سكان تكساس، خارج مظلة التأمين الصحي.

الفجوة التكنولوجية فاقمت انعدام المساواة في التعليم. في عام 2018، عاش نحو 17 مليون طفل في منازل غير متصلة بالإنترنت، كما كان هناك أكثر من سبعة ملايين طفل ليست لديهم حواسيب في المنزل، وفق ما ذكر تقرير حلل بيانات تعداد السكان لذلك العام. وأفاد موقع صحيفة "بوليتيكو" في 23 سبتمبر عام 2020، أن واحدا من كل ثلاثة طلاب في مدينة بالتيمور، التي تبعد ساعة واحدة فقط بالسيارة عن مبنى الكونجرس الأمريكي، ليس لديه جهاز حاسوب. وهناك أسرة واحدة من بين كل ثلاث أسر منحدرة من أصول أفريقية أو لاتينية أو هندية ليس لديها إنترنت بالمنزل. وبينما أضحى التعليم عبر الإنترنت نمطا تعليميا سائدا خلال الوباء، فإن أطفال الفئات محدودة الدخل وأطفال الأقليات العرقية، مقارنة مع نظرائهم الأكثر

ثراء، أقل احتمالية لامتلاك التكنولوجيا والبيئات المنزلية المناسبة للتمتع بدراسة مستقلة وذلك نظرا لخلفياتهم الأسرية، ومن ثم فهم في وضع غير موات للتعلم الإلكتروني، وهو ما يفاقم الهوة التعليمية الناجمة عن الفقر وانعدام المساواة العرقية.

سادسا، الدوس على القواعد الدولية يفضي إلى كوارث إنسانية

في وقت تشتد فيه حاجة العالم إلى الوحدة لمكافحة جائحة كوفيد-19، تصر الولايات المتحدة على المضي قدما في تطبيق أجندة "أمريكا أولا" والانعزالية والأحادية وفرض عقوبات بشكل تعسفي والتنمر على المنظمات الدولية وتهديدها وإساءة معاملة طالبي اللجوء، وهو ما جعل البلاد أكبر مثير للمشاكل على صعيد الأمن والاستقرار العالميين.

انسحبت الولايات المتحدة من منظمة الصحة العالمية. وسعيا للتنصل من مسؤوليتها إزاء تدابيرها الكارثية على صعيد مكافحة الجائحة، حاولت إدارة ترامب تحويل منظمة الصحة العالمية إلى كبش فداء من خلال اختلاق اتهامات كاذبة ضد المنظمة. وفي 14 أبريل عام 2020، أعلنت الحكومة الأمريكية تعليقها دفع مستحقات منظمة الصحة العالمية، وهو ما لقي انتقادا بالإجماع من قبل المجتمع الدولي. وأصدر أنطونيو غوتيريش، أمين عام الأمم المتحدة، بيانا في 14 أبريل عام 2020، قال فيه إنه في الوقت الذي يكافح فيه العالم جائحة كوفيد-19، فإنه ليس من المناسب تقليص الموارد اللازمة

لمنظمة الصحة العالمية أو أي منظمات أو عمليات إنسانية أخرى.
وفي 15 أبريل عام 2020، صرح باتريس هاريس، رئيس الجمعية الطبية الأمريكية، أن مكافحة الجائحة تتطلب تعاونا دوليا وأن تعليق الدعم المالي لمنظمة الصحة العالمية في هذه اللحظة الحرجة خطوة خطيرة في الاتجاه الخاطئ. وفي 15 أبريل عام 2020، نشر موقع صحيفة "ذا جارديان" مقالة افتتاحية ذكرت أنه في الوقت الذي يحتاج فيه العالم بصورة ماسة إلى التغلب معا على هذا التهديد الذي لم يشهده العالم من قبل على الإطلاق، يعد تعليق الحكومة الأمريكية لمستحقات منظمة الصحة العالمية عملا يفتقر إلى الأخلاق ويعرقل النظام العالمي، فضلا عن كونه خيانة شنيعة للتضامن العالمي. وفي يوليو عام 2020، أعلنت إدارة ترامب بصفاقة انسحابها من منظمة الصحة العالمية رغم معارضة المجتمع الدولي.

تخلت الولايات المتحدة عن التزاماتها وانسحبت من اتفاقية باريس للمناخ. كان يتعين على الولايات المتحدة، بوصفها أكبر باعث تراكمي لغازات الاحتباس الحراري في العالم، الاضطلاع بأكبر قدر من مسؤولية تقليص الانبعاثات استنادا إلى مبدأ مسؤوليات مشتركة لكن متفاوتة. بيد أن الولايات المتحدة عكست بلا ضمير مسار عجلة التاريخ وانسحبت رسميا من اتفاقية باريس للمناخ في 4 نوفمبر عام 2020 لتصبح الدولة الوحيدة من بين زهاء 200 طرف مُوقع، التي تنسحب من الاتفاقية. وأجمع المجتمع الدولي على أن الخطوة الأمريكية قصيرة النظر سياسيا وخاطئة علميا وغير مسؤولة أخلاقيا.

وقالت ناتالي ماهوالد، عالمة المناخ بجامعة كورنيل والمؤلفة

المشاركة لتقارير الأمم المتحدة حول الاحتباس الحراري العالمي، "إن انسحاب الولايات المتحدة من اتفاقية باريس للمناخ قد يقلص الجهود الرامية إلى التخفيف من تأثيرات تغير المناخ، ومن ثم قد يزيد عدد الناس الذين يكون وضعهم بين الحياة والموت جراء تداعيات التغير المناخي".

أعمال التنمر هددت المنظمات الدولية. في 11 يونيو عام 2020، فرضت الحكومة الأمريكية عقوبات اقتصادية وقيودا على السفر ضد موظفي المحكمة الجنائية الدولية وأفراد أسرهم لقيامهم بالتحقيق في احتمالية ارتكاب جنود وضباط استخبارات أمريكيين جرائم حرب في أفغانستان وأماكن أخرى. وذكر مقال نشر على الموقع الإلكتروني لـ "يو.إن نيوز" في 25 يونيو عام 2020، أن العقوبات الأمريكية ضد موظفي المحكمة الجنائية الدولية هي "اعتداء مباشر على الاستقلال القضائي للمؤسسة". وفي 19 يونيو عام 2020، تبنى مجلس حقوق الإنسان التابع للأمم المتحدة قرارا يدين بشدة وحشية الشرطة التي أودت بحياة جورج فلويد، الأمريكي المنحدر من أصل أفريقي. ونقلا عن تصريحات لمجموعات معنية بحقوق الإنسان، ذكرت وكالة "أيه.إف.بي" أن النسخة النهائية للقرار، وبسبب "الضغط القوي"، حذفت الدعوة إلى المزيد من التحقيقات وتخلت عن أي ذكر للعنصرية ووحشية الشرطة في الولايات المتحدة.

ومن خلال التنمر على دول أخرى، خففت الولايات المتحدة من لهجة القرار وهربت مجددا من تحقيقات دولية، وسارت في اتجاه مناوئ للأمريكيين المنحدرين من أصول أفريقية وضحايا عنف الشرطة

بالبلاد، وفق ما ذكر الاتحاد الأمريكي للحريات المدنية.

العقوبات أحادية الجانب فاقمت الأزمة الإنسانية. في تلك اللحظة الحاسمة التي تتفشى فيها جائحة كوفيد-19 عالميا وتهدد حياة البشر وصحتهم ورفاهيتهم، يتعين على جميع الدول العمل معا للتصدي للجائحة والحفاظ على أمن الصحة العامة العالمي. إلا أنه، خلال الجائحة، لا تزال الحكومة الأمريكية تفرض عقوبات على دول مثل إيران وكوبا وفنزويلا وسوريا، وهو ما جعل من الصعب على الدول الخاضعة للعقوبات الحصول على الإمدادات الطبية اللازمة لمكافحة الجائحة في الوقت المناسب. وفي 24 مارس عام 2020، قالت ميشيل باشيليت، مفوضة الأمم المتحدة السامية لحقوق الإنسان، إنه في حال وجود جائحة عالمية، فإن العقوبات ستعيق العمل الطبي وتزيد المخاطر للجميع. وأوضحت أنه من أجل الحفاظ على أمن الصحة العامة العالمي وحماية حقوق ملايين الناس وأرواحهم في الدول الخاضعة للعقوبات، يتعين تخفيف العقوبات أو تعليقها في قطاعات معينة.

وحثت مجموعة مؤلفة من 24 دبلوماسيا بارزا الحكومة الأمريكية على تخفيف العقوبات الطبية والإنسانية على إيران، مشيرة إلى أن هذه الخطوة "قد تنقذ أرواح مئات الآلاف من الإيرانيين العاديين"، بحسب تقرير نشر على الموقع الإلكتروني لصحيفة "ذا جارديان" يوم 6 أبريل عام 2020. وفي 30 أبريل عام 2020، ذكر خبراء حقوق الإنسان في الأمم المتحدة أن الحظر الأمريكي على كوبا والعقوبات على دول أخرى يقوضان بشدة التعاون الدولي لكبح الجائحة وعلاج المرضى وإنقاذ الأرواح. ودعا الخبراء الولايات المتحدة إلى تطبيق

قرارات الأمم المتحدة ورفع حصارها الاقتصادي والمالي على كوبا وعدم وضع عراقيل تمنع كوبا من تمويل شراء الأدوية والمعدات الطبية والأغذية والسلع الأساسية الأخرى.

وفي 6 مايو عام 2020، صدر بيان مشترك من قبل مقرر الأمم المتحدة الخاص المعني بالفقر المدقع وحقوق الإنسان والمقرر الخاص المعني بحق الإنسان في الحصول على مياه الشرب المأمونة وخدمات الصرف الصحي والمقرر الخاص المعني بالحق في التعليم، قال إن العقوبات الأمريكية على فنزويلا تلحق ضررا بالغا بالحقوق الإنسانية للشعب الفنزويلي. ودعا البيان الولايات المتحدة إلى الرفع الفوري للعقوبات التي فاقمت معاناة الشعب مع استشراء الجائحة في البلاد.

وفي 29 ديسمبر عام 2020، دعت ألينا دوهان، المقررة الخاصة للأمم المتحدة المعنية بالأثر السلبي للإجراءات القسرية الأحادية على التمتع بحقوق الإنسان، الولايات المتحدة إلى إلغاء العقوبات أحادية الجانب ضد سوريا، مشيرة إلى أن العقوبات ستفاقم الأزمة الإنسانية الأليمة بالفعل في سوريا، فضلا عن أنها تضرب بعرض الحائط حقوق الشعب السوري في العيش والصحة والتنمية.

طالبو اللجوء تعرضوا لمعاملة قاسية. ذكر تقرير نشرته شبكة "سي.إن.إن" في 30 سبتمبر عام 2020، أنه خلال العام المالي 2020، توفي 21 شخصا خلال احتجازهم لدى وكالة إنفاذ قوانين الهجرة والجمارك بالولايات المتحدة، وهو ما يتجاوز ضعفي عدد الوفيات خلال العام المالي 2019، ويمثل كذلك أعلى حصيلة سنوية للوفيات منذ عام 2005. وأفاد تقرير نشرته صحيفة "لوس أنجلوس

تايمز" على موقعها الإلكتروني في 30 أكتوبر عام 2020، أن عددا كبيرا من الأطفال المهاجرين احتجزوا لفترات طويلة. وأظهرت البيانات أنه من بين 266 ألف طفل مهاجر احتجزتهم الحكومة، هناك أكثر من 25 ألف طفل تم احتجازهم لأكثر من 100 يوم، ونحو ألف طفل مهاجر قضوا أكثر من سنة في ملاجئ للاجئين، وبعضهم قضوا أكثر من خمس سنوات في الحجز.

وحسبما أوردت وسائل إعلام أمريكية عدة، فإن عشرات النساء من أمريكا اللاتينية والوسطى قدمن شكاوى للمحكمة الفيدرالية في جورجيا، ذكرن فيها أنهن خضعن لجراحات نسائية، شملت استئصال الرحم، دون موافقتهن، وهو ما تسبب لهن في ضرر بالغ بدنيا ونفسيا. وأشار تقرير آخر نشره الموقع الإلكتروني لصحيفة "ذا جارديان" يوم 22 أكتوبر عام 2020، إلى أن العديد من طالبي اللجوء تم تهديدهم وإجبارهم على توقيع أوامر الترحيل الخاصة بهم، بينما تعرض من رفضوا التوقيع إلى الخنق والضرب والرش برذاذ الفلفل وتم تصفيدهم لوضع بصمات أصابعهم قسرا على أوامر الإبعاد، التي بموجبها يتنازل طالبوا اللجوء عن حقوقهم في حضور المزيد من جلسات الاستماع ويقبلون الترحيل.

الترحيل القسري خلال جائحة كوفيد-19. وفقا لبيانات جمعتها وكالة إنفاذ قوانين الهجرة والجمارك بالولايات المتحدة، فإنه حتى 14 يناير عام 2021، تأكدت إصابة 8848 محتجزا بعدوى كوفيد-19. واستنادا إلى تقرير نشره موقع صحيفة "لوس أنجلوس تايمز" في 18 نوفمبر عام 2020، فإن الحكومة الأمريكية تجاهلت مخاطر

الجائحة وطردت ما لا يقل عن 8800 طفل مهاجر غير شرعي لا يرافقه ذووه. وكشفت منظمة الأمم المتحدة للطفولة (يونيسيف)، أن الأطفال المهاجرين الذين عادوا من الولايات المتحدة إلى المكسيك وأمريكا الوسطى عرضة للمخاطر والتمييز.

العفو عن مجرمين ذبحوا مواطنين من دول أخرى. في 30 ديسمبر عام 2020، أصدرت مجموعة العمل المعنية بمسألة استخدام المرتزقة والتابعة لمجلس حقوق الإنسان التابع للأمم المتحدة، بيانا يقول إن عفو الزعيم الأمريكي عن أربعة من متعاقدي شركة بلاك ووتر أدينوا بارتكاب جرائم حرب في العراق، انتهك التزامات الولايات المتحدة بموجب القانون الدولي. ودعا البيان جميع الدول الموقعة على اتفاقيات جنيف إلى إدانة الإجراء الأمريكي.

وارتكب متعاقدو بلاك ووتر الأربعة مذبحة في ساحة النسور في بغداد عام 2007، والتي خلفت 14 قتيلا من المدنيين العزل وما لا يقل عن 17 جريحا، وفقا للبيان. وقال رئيس مجموعة العمل، إن العفو عن متعاقدي بلاك ووتر مثل إهانة للعدالة ولضحايا مذبحة ساحة النسور وعائلاتهم. وقالت مارتا هورتادو، المتحدثة باسم مكتب مفوضة الأمم المتحدة السامية لحقوق الإنسان، إن العفو عن متعاقدي بلاك ووتر "يسهم في الإفلات من العقاب ومن شأنه تشجيع آخرين على ارتكاب مثل هذه الجرائم في المستقبل".

2020年美国侵犯人权报告

中华人民共和国国务院新闻办公室

2021年3月

序 言

"我无法呼吸!"

——乔治·弗洛伊德

美国国会大厦暴力事件乱象是政治高层散布重重谎言、蔑视民主、煽动仇恨和分裂导致的恶果。

——德国总统施泰因迈尔

2020年新冠肺炎疫情全球肆虐,对人类生命安全构成重大威胁。病毒没有国界,疫情不分种族,战胜疫情需要世界各国守望相助、团结合作。但一向自认例外和优越的美国,不仅自身疫情失控,而且与之相伴的还有政治失序、种族冲突、社会撕裂,留下了"山巅之城""民主灯塔"侵犯人权的新纪录。

——政府应对疫情任性妄为导致失控,酿成人间悲剧。美国人口不足世界总人口的5%，但截至2021年2月底，其新冠肺炎确诊病例数却超过全球总数的25%，死亡病例数占全球总数的近20%，超过50万美国民众失去了宝贵的生命。

——民主制度失序引发政治乱象，进一步撕裂美国社会。金钱政治扭曲压制民意，选举成为富人阶层"独角戏"，人们对美国民主制度的信心下降至20年来最低点。政治极化日益严重，仇恨政治演变为全国性瘟疫，选后暴乱导致国会沦陷。

——少数族裔遭受系统性种族歧视，处境艰难。有色人种在美国18岁以下未成年人中的比例约为三分之一，却占被监禁未成年人总数的三分之二。非洲裔新冠肺炎感染率是白人的3倍，死亡率是白人的2倍，被警察杀死的概率是白人的3倍。四分之一亚裔年轻人成为种族欺凌的目标。

——枪支交易和枪击事件创历史新高，人们对社会秩序失去信心。在疫情失控、种族抗议和选举冲突交织影响下，2020年美国的枪支销量高达2300万支，比2019年激增64%，首次购买枪支的人数超过800万人。美国全年共有超过41500人死于枪击，平均每天达110多人，全国共发生592起大规模枪击事件，平均每天超过1.6起。

——非洲裔男子乔治·弗洛伊德被白人警察残忍跪压致死，引燃美国社会怒火。50个州爆发广泛持续的种族抗议浪潮，政府武力镇压示威民众，1万多人被逮捕，大批新闻记者频遭无端攻击和拘捕。

——贫富差距加速扩大，底层民众生活苦不堪言。疫情失控导致大规模失业潮，数千万人失去医疗保险，六分之一美国人、四分之一美国儿童面临饥饿威胁。弱势群体成为政府消极应对疫情的最大牺牲品。

面对如此糟糕的严重人权问题，美国政府不仅缺乏应有的反思，还对世界上其他国家的人权状况说三道四，充分暴露了其在人权问题上的双重标准及虚伪性。当今时代，人类社会发展正处于一个新的十字路口，面临新的严峻挑战。希望美方能够怀谦卑之心、悯国人疾苦，放下虚伪、霸道、大棒和双重标准，与国际社会相向而行，共同构建人类命运共同体。

一、疫情严重失控酿成人间悲剧

美国号称具有世界上最丰富的医疗资源和医疗护理能力，应对新冠肺炎疫情却一片混乱，成为世界上确诊人数和死亡人数最多的国家。

应对疫情不力造成惨重后果。根据美国约翰斯·霍普金斯大学统计的数据，截至2021年2月底，美国新冠肺炎确诊病例总数已超过2800万例，死亡病例总数超过50万例。美国人口不足世界总人口的5%，其新冠肺炎确诊病例数却超过全球总数的25%，死亡病例数占全球总数的近20%。美国有线电视新闻网2020年12月20日报道，仅加利福尼亚州就已经报告了184.5万例新冠肺炎确诊病例和22599例死亡病例，相当于每10万人中就有4669人确诊、57人死亡，这还不包括许多未得到诊断的轻症或无症状感染病例。如果美国能够科学应对，事情本不必如此。美国流行病学家、疾病控制与预防中心原负责人威廉·福格认为，"这是一场屠杀"。[1]

领导人无视科学警告刻意淡化疫情风险。根据《纽约时报》《华盛顿邮报》等媒体复盘的美国疫情时间线，美国特朗普政府一再忽视疫情警告。白宫国家安全委员会在2020年1月初就收到情报，预测病毒将在美国蔓延。时任白宫贸易与制造业政策办公室主任彼得·纳瓦罗在1月29日撰写的一份备忘录中，详细列举了疫情暴发的潜在风险：可能会有多达50万人死亡，并造成数万亿美元的经济损失。时任美国卫生与公众服务部部长亚历克斯·阿扎等卫生官员和医学专家也多次警告疫情在美国暴发的危险。但美国特朗普政府不仅对各种警告置之不理，反而专注于控制信息传播，甚至发布虚假信息误导民众，称新冠肺炎病毒是"大号流感"，感染病毒的风险和死亡率"非常低"，疫情会很快"奇迹般地消失"，导致防控疫情的"黄金窗口期"被白白浪费。《纽约时报》网站 2020 年 4 月 13 日报道指出，时任美国政府领导人宁肯相信自己的直觉也不相信科学，错失时机，断送了大量无辜的生命。

政府选择不作为导致疫情失控。在美国新冠肺炎死亡病例超过 30 万人后，加利福尼亚大学洛杉矶分校医学教授戴维·哈耶斯-鲍提斯塔指出，美国其实不应死那么多人，是政府选择了不作为导致悲剧的发生。[2]哥伦比亚大学疾病研究人员通过模型分析显示，如果美国政府 2020 年 3 月 13 日发布的疫情防控措施能够提前两星期，那么约 83% 的死亡是可以避免的。[3]英国医学期刊《柳叶刀》2020 年 5 月 17 日罕有地发表社论指出，美国政府总是"着迷于"找到快速结束疫情的方式——疫苗、新药，甚至指望病毒会就这么消失了，但事实是只有依赖病毒检测、感染追踪及隔离等基本的公共卫生准则，才可能终结疫情。即便疫情已经在美国大范围蔓延，确诊病例和死亡病例已升至全球第一的情况下，特朗普政府出于政治私利，依然急于重启经济。沃克斯新闻网 2020 年 8 月 11 日评论称，一些州在 4、5 月份就忙于重启经济，使得病毒传播的重灾区从最初的纽约地区向南部、西部扩散，并最终扩散到全国其他地区。尽管许多医学研究已经证实佩戴口罩可以有效防止感染病毒，但时任美国政府领导人和一些州政府官员却长期拒绝实施强制口罩令。

疫情防控指挥混乱使得民众无所适从。美国有线电视新闻网2020年5月9日的评论指出，美国应对新冠肺炎疫情混乱不堪，缺乏全国性的指导方针和组织领导，各州只能自行其是，甚至不得不相互竞价争抢医疗物资。时任美国政府领导人与公共卫生机构、医学专家发布的有关疫情防控信息相互抵牾、反复无常。专家们呼吁联邦政府统筹全国病毒检测和医疗物资供应，领导人却让各地政府自己解决；联邦政府刚刚公布分阶段重启计划，领导人却接着呼吁各州加快重启；疾病控制与预防中心强烈建议公众佩戴口罩，领导人却长达几个月坚决拒绝佩戴口罩；更为荒诞的是，领导人竟提出让民众注射消毒剂治疗新冠肺炎。

任性自负推卸责任。尽管在疫情应对中昏招迭出，时任美国政府领导人却拒绝承认有任何失误，反而用各种说辞自我美化、推脱责任，罔顾事实将美国确诊病例全球居首归因于做了更多的核酸检测，声称自己对病毒检测系统的混乱低效和死亡率的不断攀升"没有任何责任"。而白宫顾问、美国国家过敏症和传染病研究所所长安东尼·福奇指出，数据不会说谎，美国确实是世界上新冠肺炎疫情最严重的国家。[4]

老年人成为政府抗疫不力的"牺牲品"。疫情中原本就面临更大风险的老年人群体，在混乱不堪的疫情防控体系中被进一步边缘化，面临着生命贬值、尊严贬损。2020年3月23日和4月20日，得克萨斯州副州长丹·帕特里克在接受福克斯新闻网采访时两次表示，"宁愿死也不愿看到公共卫生措施损害美国经济"。《圣迭戈工会论坛报》网站2020年8月18日报道，根据新冠肺炎病毒追踪项目公布的数据，养老院等长期护理机构中的居民占美国人口的比例不到1%，占新冠肺炎死亡人数的比例却超过40%。《华盛顿邮报》2020年5月9日的评论称，美国的抗疫行动成了"一场国家批准的屠杀"，它故意牺牲老年人、工人、非洲裔和拉美裔人口。

贫困人口面临更严重感染威胁。研究发现，美国贫富差距和新冠肺炎疫情导致的死亡率密切相关。纽约州的基尼系数最高，同时其死亡人数也最高。[5]英国《卫报》网站2020年3月21日报道，疫情期间美国富人优先进行新冠病毒检测，而低收入从业群体大多无法居家办公且不享有带薪病假，不得不为了维持生活使自己面临更大的感染风险。《洛杉矶时报》网站2020年5月8日报道，公共卫生官员指出，洛杉矶县低收入社区居民死于新冠肺炎的人数是其邻近富裕社区的3倍。盖洛普公司的一项调查显示，七分之一的美国成年人表示，如果自己或家庭成员出现新冠肺炎相关症状，将因为担心负担不起治疗费用放弃治疗。联合国极端贫困与人权问题特别报告员菲利普·奥尔斯顿指出，美国穷人正受到新冠肺炎病毒最严重的打击，更容易感染病毒，死亡率更高，而一个混乱的、注重企业利润的政府应对措施未能充分顾及他们的利益。

残障人士和无家可归者处境维艰。非营利组织"公平健康"2020年11月发布的一项研究显示，与普通人群相比，有智力和发育障碍的人死于新冠肺炎的可能性要高出3倍。[6]《洛杉矶时报》网站2020年5月14日报道，疫情带来的经济冲击使得美国无家可归者人数暴涨45%。无家可归者中有很多年迈的老人和残障人士，他们原本身体健康状况就不佳，生活和卫生条件恶劣，是病毒的易感群体。疫情期间，流落街头的无家可归者遭到严厉驱逐，被迫住进临时收容所。路透社网站2020年4月23日报道，美国各地的无家可归者收容所因人员拥挤难以保持社交距离，使得病毒极易传播。《纽约时报》网站2020年4月13日报道称，无家可归者收容所成为纽约市疫情的"定时炸弹"，超过1.7万人住在为单身成年人准备的集中收容所中，睡在床上几乎可以手碰手。

《波士顿环球报》网站2020年5月4日报道，波士顿市无家可归者确诊感染新冠病毒的人数占当地该群体已接受检测人口的三分之一。

监狱疫情暴发威胁囚犯生命健康。美国广播公司网站2020年12月19日报道，美国至少已有27.5万名囚犯感染新冠肺炎，1700多名感染者死亡，监狱系统的感染率大大高于周边社区。根据美联社和非营利新闻组织"马歇尔项目"共同收集的数据，在州和联邦监狱管理局管理的监狱中，每5名囚犯中就有1人感染新冠肺炎，是普通人感染率的4倍多；其中24个州监狱的感染率更高，堪萨斯州一半囚犯感染，是该州总人口感染率的8倍；阿肯色州每7名囚犯中就有4人感染。

疫情失控给美国人心理带来严重阴影。特朗普政府应对疫情不力对美国人造成的负面影响超过病毒本身，人们感到压力重重、孤立无援。[7]美国疾病控制与预防中心2020年8月14日公布的一项研究显示，2020年4月至6月，40.9%的成年受访者表示出现心理健康问题，30.9%的成年受访者表示患有焦虑或抑郁症，而这些数字只是冰山一角。与此同时，13%的成年受访者表示开始或增加使用药物，11%的成年受访者认真考虑过自杀。2020年6月发布的一项研究显示，疫情期间美国自杀救助热线电话接听数量上升了47%，某些危机干预热线电话接听数量暴涨300%。[8]

二、美式民主失序引发政治乱象

美国自诩为民主制度的"样板",动辄打着所谓维护民主、自由、人权的旗号对许多国家指手画脚、肆意打压。然而,金钱政治痼疾深重,民意操纵与谎言泛滥,美式民主不仅难以弥合日益极化的政治分歧,反而进一步加剧了美国社会的撕裂,导致美国民众的公民权利和政治权利有名无实。

金钱支配下的政治选举实质上成为"钱决"。金钱是美国政治的驱动力。美国的金钱政治扭曲了民意,把选举搞成了富人阶层的"独角戏"。2020年美国总统和国会选举的总支出高达140亿美元,是2016年的2倍多。其中,总统选举花费再创历史纪录,达到66亿美元;国会选举花费超过70亿美元。美国消费者新闻与商业频道网站2020年11月1日报道,在2020年的选举周期中,排在前10位的捐款者捐款总额超过6.4亿美元。除公开登记的选举捐款外,大量秘密资金和"黑钱"充斥着2020年的美国大选。根据纽约大学布伦南司法研究中心的分析,匿名捐款的"黑钱"组织通过广告支出和向各类超级政治行动委员会提供的捐款创了新的纪录,共为

2020年的选举投入7.5亿多美元。[9]

民众对选举的信任陷入危机。盖洛普公司网站2020年10月8日公布的调查显示，对总统选举非常有信心的受访者比例仅有19%，创下自2004年以来该调查的最低纪录。《华尔街日报》网站2020年11月9日评论称，在2020年的选举中，人们对美国民主制度的信心下降至20年来最低点。

政治极化现象日益严重。共和党和民主党之间的对立逐渐从政策之争变为身份之争，政治部落属性日趋明显，两党在诸多重大公共事项上僵持不下、无所作为，使国家治理陷入低效无能的泥淖。政客自甘堕落争权夺利，相互倾轧、攻讦缠斗成为美国的基本政治生态，各种丑陋攻击和低俗抹黑竞相上演。支持不同党派的选民在极端政客的挑唆煽动之下势不两立，情绪日趋狂热、沟通愈发艰难，仇恨政治演变为一场全国性的瘟疫，成为社会持续动荡撕裂的根源。皮尤研究中心网站2020年11月13日报道，美国社会出现了不同寻常的政治分裂。民主党人和共和党人之间在经济、种族、气候变化、执法、国际参与以及其他一系列问题上的分歧日益鲜明。2020年的总统选举使这些根深蒂固的分歧进一步深化。选举前一个月，两党候选人的支持者中有约80%的登记选民表示，他们与另一方的分歧不仅在于政治和政策上的不同，更在于核心价值观上的对立，约90%的选民担心对方的胜选会对美国造成"持久伤害"。

权力制衡异化为否决政治。两党分裂强化了美国体制中固有的否决现象，权力分割和权力制衡变异为相互否决。两党恶斗不止，使国会陷入瘫痪，决策陷入僵局。在疫情暴发失控的危机局面下，两党不仅在诸多议题上一再缠斗，还把应对疫情冲击的第二轮纾困法案当作竞选工具，为了捞取选票拉锯扯皮拒不妥协，导致数百万底层民众生计艰难。否决政治造成国会和行政系统、联邦和州的尖锐对立。疫情期间，共和党总统和民主党占多数的众议院矛盾不断，联邦政府与民主党执政的"蓝州"冲突频发，不仅同各州抢夺抗疫物资，还屡屡和"蓝州"执行截然相反的疫情应对政策，导致民众无所适从。马萨诸塞州紧急购买的300万个N95口罩在运抵纽约港后竟被联邦政府拦截。

选后暴乱凸显美式民主危机。选举没有解决美国政治分歧，反而使对立白热化。英国《卫报》网站2020年11月4日指出，无论谁赢得选举，美国仍然是一个严重分裂的国家，愤怒和仇恨将成为政治遗产。败选的共和党阵营指控大选存在多项欺诈，不接受总统选举结果，在密歇根州、威斯康星州、宾夕法尼亚州和佐治亚州等提出诉讼，并对当地选举官员施压和恐吓，要求重新计票以推翻选举结果。特朗普一再坚称绝不接受选举结果，并号召支持者前往华盛顿抗议国会确认选举结果，选举争议最终演变为暴乱。

2021年1月6日，拒绝接受选举结果的上万名示威者在华盛顿举行"拯救美国"示威集会，大批示威者随后越过警卫线翻墙闯入国会大厦，与警察发生激烈肢体冲突。警察发射催泪弹并开枪射击，国会议员们戴着防护面罩慌忙躲避，示威者占领会场后肆意妄为。事件造成数人死亡，导致正在认证选举结果的参众两院联席会议被迫中断，华盛顿特区相继进入宵禁和紧急状态。美国国会警察局局长史蒂文·桑德2021年1月7日称，成千上万参与暴力骚乱的人用金属管、化学刺激物和其他武器袭击警察，华盛顿特区和国会大厦共有50多名警察受伤。警察总计逮捕了100多人。2021年1月7日，联合国人权事务高级专员米歇尔·巴切莱特发表声明称，该事件清楚地表明了政治领导人持续、蓄意歪曲事实以及煽动暴力和仇恨所造成的破坏性影响。

华盛顿上演的政治乱象令世界震惊。美国媒体称这是美国现代史上权力移交第一次"在华盛顿权力走廊内演变成一场实体对抗"，"暴力、混乱和破坏动摇了美国民主的核心"，是"对美国民主灯塔形象的一记重击"。法国《费加罗报》评论称，这一暴力事件激化了美国社会不同阵营间的怨恨和不信任，使美国陷入新的政治危机。《外交政策》评论称，美国已经变成了美国领导人经常谴责的样子：无法在权力交接过程中避免暴力和流血破坏。黎巴嫩外交官穆罕默德·萨法在社交媒体发表评论称："如果美国看到美国正对美国做的事，美国肯定会入侵美国，以从美国暴政的手中解放美国。"

三、种族歧视恶化少数族裔处境

在美国，种族主义是全面性、系统性、持续性的存在。美国前总统奥巴马对这一现状无奈地表示："因种族而被区别对待是数百万美国人悲剧性的、痛苦的、愤怒的'常态'。"2020年6月，联合国人权事务高级专员米歇尔·巴切莱特连发两条媒体声明，强调非洲裔男子弗洛伊德死亡引发的抗议活动不仅凸显了美国警察对有色人种的暴力执法问题，也凸显了美国在卫生、教育、就业等方面的不平等和种族歧视问题。如果美国想要结束种族主义和暴力的悲惨历史，就必须予以倾听和解决。6月17日，联合国人权理事会第43次会议召开种族主义问题紧急辩论，这是人权理事会历史上首次就美国人权问题召开紧急会议。11月9日，美国在接受联合国人权理事会第三轮国别人权审查时，因种族歧视问题遭到国际社会严厉批评。联合国消除种族歧视委员会等机构指出,美国的种族主义令人震惊,白人种族主义者、新纳粹分子和三K党成员公然使用种族主义的标语、口号,宣扬白人至上,煽动种族歧视和仇恨;政治人物越来越多地使用分裂性语言,试图将种族、族裔和宗教少数群体边缘化,等同于煽动和助长暴力、不容忍和偏执。联合国当代形式种族主义问题特别报告员滕达伊·阿丘梅认为,对于非洲裔美国人来说,美国的法律体系已经无法解决种族不公与歧视。

印第安人权利遭受侵犯。美国政府在历史上对印第安人进行过系统性种族清洗和大屠杀,犯下罄竹难书的反人类罪和种族灭绝罪行,美国印第安人今天仍然过着二等公民般的生活,权利饱受践踏。美国许多低收入社区中的印第安人等土著人遭受核废料等有毒环境影响,罹患癌症、心脏病的比率非常高。很多土著人生活在危险废物处置场附近,出生缺陷率畸高。2020年8月5日,联合国危险物质及废料的无害环境管理和处置对人权的影响问题特别报告员根据人权理事会第36/15号决议发布的报告指出,美国土著人面临采掘业、农业和制造业释放或产生的有毒污染物,包括遭受核废料放射性影响,并且采矿废物造成的土壤和铅尘污染对其健康造成的影响远超其他群体。联合国宗教或信仰自由问题特别报告员根据联大74/145号决议编写的报告指出,美国政府未经土著群体同意，或违反其传统土地所有权和集体土地所有权，将印第安"立岩"苏族部落等的土地开放接受投资。联合国适当生活水准权问题特别报告员根据人权理事会第43/14号决议编写的报告指出，少数群体和土著人受新冠肺炎疫情的影响最具破坏性，美国土著人的住院率是非拉美裔白人的5倍，死亡率也远超白人。

对亚裔群体的欺凌加剧。疫情暴发以来，亚裔美国人在公共场合遭受羞辱甚至攻击的事件比比皆是，一些美国政客对此更是有意误导。《纽约时报》网站2020年4月16日指出，"新冠病毒肆虐期间，在美国身为亚裔是一种非常孤独的感觉"。全国广播公司网站2020年9月17日报道，一项针对美国亚裔年轻人的调查显示，在过去一年中，四分之一的美国亚裔年轻人成为种族欺凌目标；在时任美国政府领导人种族主义言论的推波助澜下，近一半受访者对自身所处境遇表示悲观，四分之一的受访者对自己及家人所处的境遇表示恐惧。联合国当代形式种族主义问题特别报告员滕达伊·阿丘梅2020年3月23日和4月21日先后指出，有关国家政客主动发表公开或暗示性的仇外言论，使用别有用心的名称来替代新冠肺炎病毒，这种把特定疾病与某个具体国家或民族相联系的仇外表达不负责任、令人不安。美国政府官员公然煽动、引导和纵容种族歧视，无异于对现代人权观念的悍然羞辱。

仇恨犯罪居高不下凸显种族关系恶化。联邦调查局2020年发布的报告显示，在2019年执法部门报告的8302起单一偏见引起的仇恨犯罪案件中，57.6%涉及种族族裔身份，其中高达48.4%是针对非洲裔，15.8%是针对白人，14.1%是针对拉美裔，4.3%是针对亚裔。在种族仇恨犯罪案件的4930名受害者中，非洲裔多达2391人。《今日美国报》网站2020年5月20日报道，一些美国人将疫情的暴发归咎于亚裔，对亚裔的歧视、骚扰和仇恨犯罪事件越来越多。民权组织"停止仇恨亚裔美国人与太平洋岛居民"的统计数据显示，2020年前7个月，美国共发生2300余起针对亚裔的仇恨犯罪。

警察暴力执法导致非洲裔死亡案件频发。2020年3月13日，26岁的非洲裔女子布伦娜·泰勒在自己家中被警察射中8枪致死。2020年5月25日，46岁的非洲裔男子乔治·弗洛伊德被白人警察当街残忍"跪杀"。2020年8月23日，29岁的非洲裔男子雅各布·布莱克在打开车门要上车时被警察从背后连开7枪导致重伤，事发时布莱克3个年幼的孩子就在车上目睹了这一恐怖经过。"警察暴力地图"网站数据显示，2020年美国警察共枪杀1127人，其中只有18天没有杀人。非洲裔只占美国总人口的13%，却占被警察枪杀人数的28%，非洲裔被警察杀死的概率是白人的3倍。2013年至2020年，约98%的涉案警察未被指控犯罪，被定罪的警察更是少之又少。

有色人种受疫情危害更大。2020年8月21日，联合国人权理事会非洲人后裔问题专家工作组向人权理事会第45次会议提交报告指出，美国新冠肺炎病毒的感染率和死亡率体现了明显的种族差异，非洲裔的感染率、住院率和死亡率分别是白人的3倍、5倍和2倍。英国《金融时报》网站2020年5月15日报道称，"没有什么比这场疫情下的生与死更能体现美国的肤色差异了"。美国疾病控制与预防中心2020年8月7日发布的报告显示，疫情中的种族差异扩大到了儿童。拉美裔儿童因新冠肺炎住院的比率是白人儿童的9倍，非洲裔儿童住院的比率是白人儿童的6倍。[10]《洛杉矶时报》网站2020年7月10日报道，洛杉矶公共卫生总监芭芭拉·费雷尔指出，病毒对非洲裔和拉美裔居民造成的严重影响，根源在于"种族主义和歧视对获得健康所需资源和机会的影响"。《今日美国报》网站2020年10月22日评论指出，有色人种死于疫情的人数远远多于白人，可归因于不平等的教育与经济体系导致有色人种得不到高薪工作，住房歧视导致有色人种居住密集，以及以牺牲穷人为代价的环境政策等。在新冠肺炎死亡率最高的10个县中，有7个县是有色人种人口占大多数；在死亡率最高的前50个县中，有31个县的居住者主要是有色人种。

有色人种面临更严重的失业威胁。英国《卫报》网站2020年4月28日评论称,"最后被雇佣,最先被解雇"是非洲裔美国人最无奈的现实。美国劳工部2020年5月8日发布的报告显示,4月份非洲裔和拉美裔的失业率分别飙升至16.7%和18.9%,创历史最高纪录。[11]《华盛顿邮报》网站2020年6月4日报道,经过严重疫情后,只有不到一半的非洲裔美国成年人还拥有工作。美国劳工部2020年9月发布的数据显示,非洲裔的失业率比白人高出近一倍。[12]《基督教科学箴言报》2020年7月20日报道,工会领导者呼吁美国劳工在20多个城市罢工,以抗议在疫情期间加剧的系统性种族主义和经济不平等。

执法司法领域存在系统性种族歧视。《信使》杂志网2020年12月17日报道,在路易斯维尔市,尽管非洲裔美国人仅占当地驾龄人口的20%,且在搜查中发现违禁品的比率远低于白人,但警察对于非洲裔的搜查却占搜查总次数的57%,近3年内被逮捕者中有43.5%是非洲裔。英国广播公司网站2020年6月1日报道,尽管非洲裔仅占美国总人口的13%,却占监狱囚犯总数的三分之一,这意味着每10万名非洲裔中就有1000多人被监禁。美国全国州议会会议网站2020年7月15日发布的研究显示,有色人种在美国18岁以下未成年人中的比例约为三分之一，却占被监禁未成年人总数的三分之二。艾奥瓦公共广播新闻网2020年12月18日报道，在艾奥瓦州的监狱中，非洲裔的监禁率是白人的11倍。即使犯同一罪行，非洲裔也更可能被判更长的刑期。《洛杉矶时报》2020年9月15日报道，美国联邦司法系统死刑适用中也存在着种族偏见，杀害非洲裔比杀害白人面临死刑的可能性更低。当受害者是白人时，重罚有色人种犯罪嫌疑人的倾向更为明显。《戴维斯先锋报》网站2020年12月4日报道，自1976年以来，有色人种在美国的死刑执行中占比高达43%，目前等待执行的被告人中55%是有色人种。《迈阿密先驱报》网站2020年12月18日发表评论认为："在我们的国家，刑事司法制度是由你的钱包和肤色来决定的。"

职场中的种族歧视根深蒂固。哥伦比亚广播公司新闻网2020年10月7日报道，对20多名现任和前任非洲裔美国特工的采访中，受访者都称联邦调查局的职场文化对少数族裔缺乏包容性。联邦调查局的10个最高领导职位目前全部由白人担任。全球13000名联邦调查局特工中，非洲裔仅占4%，非洲裔妇女仅占1%，这一比例几十年来几乎没有变化。联邦调查局在业务培训中不成比例地淘汰非洲裔申请者。该机构非洲裔事务多元化委员会负责人杰克逊表示，这是一种系统性的种族主义。《洛杉矶时报》网站2020年7月2日报道,脸书公司被指控在雇用、补偿和晋升方面存在对非洲裔的系统性歧视。数据显示,2019年在美国担任该公司技术职务的员工中只有1.5%是非洲裔,高级领导层中只有3.1%是非洲裔。过去5年,该公司的雇员增长了400%,但上述比例却几乎没有任何改变。

对少数族裔的社会歧视广泛存在。《华尔街日报》和美国全国广播公司2020年7月9日进行的一项联合民意调查显示,56%的美国选民认为美国社会是种族主义社会,非洲裔和拉美裔受到歧视。《洛杉矶时报》网站2020年7月14日报道,弗洛伊德事件发生后,更多的白人也认为美国种族歧视问题严重。调查显示,白人受访者认为非洲裔经常受到歧视的可能性从2月的22%上升到7月的40%,认为拉美裔经常受到歧视的可能性从22%上升到32%,认为亚裔经常受到歧视的可能性从7%上升到20%。

种族间的不平等进一步加剧。芝加哥大学和圣母大学的研究显示,2020年6月至11月,美国的贫困率上升了2.4个百分点,而非洲裔的贫困率上升了3.1个百分点。[13]数据显示,白人家庭的财富中位数是非洲裔的42倍,是拉美裔的23倍。美联社2020年10月13日报道,美联储发布的数据显示,2019年只有33.5%的非洲裔家庭持有股票，远低于61%的白人家庭股票持有率。《今日美国报》网站2020年10月23日报道，2020年第一季度，美国白人家庭的住房拥有率为73.7%，而非洲裔家庭的住房拥有率却只有44%。《华盛顿邮报》网站2020年6月4日报道称，非洲裔美国人的生活处境极为艰难，超过五分之一的非洲裔家庭面临食物匮乏，这一比例超过白人家庭3倍之多。美国广播公司新闻网站2020年10月11日报道，2019年有15.7%的拉美裔生活在贫困之中，是白人的2倍多。

四、社会持续动荡威胁公众安全

政府维护治安不力，原本就高发的枪击事件和暴力犯罪在疫情期间迭创新高，民众恐慌难安。警察毫无节制地暴力执法，引发一次又一次席卷全国的抗议浪潮。警方滥用武力镇压抗议民众，大规模攻击和逮捕新闻记者，致使民怨进一步沸腾高涨，引发持续的社会动荡。

疫情期间犯罪率持续增长。新冠肺炎疫情大流行期间，尽管各种防疫措施导致户外活动大幅减少，但大城市的犯罪率却持续增长。根据联邦调查局2020年9月发布的《初步统一犯罪报告》，2020年上半年，美国的谋杀案比2019年同期增长14.8%，其中25万至50万人口城市的谋杀案增长26%；纵火案上升19%，其中人口超过100万城市的纵火案上升52%；芝加哥的谋杀案激增37%，纵火案激增52.9%；纽约和洛杉矶的谋杀案分别增长了23%和14%。

暴力犯罪数量居高不下。联邦调查局2020年发布的报告显示，2019年美国共发生暴力犯罪案件120多万起，其中谋杀案16425起、强奸案139815起、抢劫案267988起、重伤案821182起。这意味着每10万居民中分别发生5起谋杀案、40余起强奸案、80余起抢劫案和250余起重伤案。

枪支交易和枪击事件再创历史新高。加州大学戴维斯分校的一项研究发现，美国疫情失控导致人们对社会稳定失去信心，许多曾经反对拥枪的人士也开始购枪，导致疫情期间的枪支购买量飙升。[14]《华盛顿邮报》网站2021年1月19日报道，在疫情失控、种族抗议和选举冲突交织影响下，2020年美国的枪支销量高达2300万支，比2019年激增64%。根据美国全国射击运动基金会的数据，2020年美国首次购买枪支的人数超过800万人。《今日美国报》网站2020年12月18日报道，美国的持枪杀人率是其他发达国家的25倍。"枪支暴力档案室"发布的数据显示，2020年美国共有超过41500人死于枪击，平均每天达110多人，创下历史最高纪录；全国共发生592起大规模枪击事件,平均每天超过1.6起。北卡罗来纳州查塔姆郡枪击案、加利福尼亚州河滨郡枪击案、阿拉巴马州摩根郡枪击案均造成7人死亡。芝加哥仅5月底的一个周末就有85人被枪击,其中24人死亡。2021年1月9日下午,32岁的枪手杰森·南丁格尔在芝加哥沿街疯狂滥杀民众,导致3人死亡、4人重伤。

弗洛伊德被警察当街跪杀引发骚乱。2020年5月25日晚,46岁的非洲裔男子乔治·弗洛伊德因涉嫌使用假钞购买香烟,被白人警察残忍跪压8分钟之久致死。明尼阿波利斯市市长雅各布·弗雷悲愤地说道:"我所看到的是彻彻底底的错误。作为黑人在美国不应等同于被判了死刑。"律师本·克拉姆普发表声明指出:"弗洛伊德受到的仅是一项非暴力指控,却因警察过度和不人道地滥用武力而丧生。"美国法治民权律师委员会会长克里斯汀·克拉克指出:"对这个国家的黑人来说,现在的绝望深不见底。毫无节制的警察暴行日积月累,酝酿了一场巨大风暴。"[15]警察暴行引燃社会怒火,"黑人的命也是命"抗议浪潮席卷全美,并波及多个国家。美国各地骚乱连连升级,抗议人群堵塞道路、构筑街垒与警察对峙,大量警察局和公共机构、商场商店被洗劫。英国《卫报》网站2020年6月8日报道,乔治·弗洛伊德遭警察当街跪杀之后,美国50个州的大约140个城市都发生了针对这起谋杀的抗议和示威。

示威民众遭武力镇压。面对沸腾的民怨，时任美国政府领导人火上浇油，调集大批国民警卫队奔赴各地，号召开枪射击，现场橡皮子弹横飞，催泪瓦斯弥漫，民众惊恐不已，社会陷入一片混乱。政府派遣的联邦探员在各地随意抓捕抗议者，1万多人被逮捕，其中包含大量无辜民众。2020年，非洲裔女子布伦娜·泰勒被警察枪杀公之于众后，再次引爆"黑人的命也是命"抗议浪潮，仅在路易斯维尔的抗议活动中就有435人被逮捕。[16] 英国《卫报》网站2020年10月29日报道，2020年5月以来的反种族主义抗议中，美国至少发生了950起警察针对普通民众和记者的施暴事件。警方对抗议者使用了橡皮子弹、催泪瓦斯和"非法的致命性武力"。

新闻记者遭到执法部门前所未有的攻击。2020年美国至少有117名记者在报道反种族主义抗议等活动中被逮捕或拘留，比2019年暴增12倍。英国《卫报》网站2020年6月5日报道，"记者被警察殴打、喷胡椒喷雾和逮捕的数量在美国前所未有地增加"。在弗洛伊德事件发生后的一周内，美国便发生了148起逮捕或袭击记者事件，遭逮捕的记者人数超过了前三年的总和。"保护记者委员会"2020年12月14日发表声明称，美国记者在2020年遭遇了前所未有的攻击，其中大多数是被执法部门袭击的。

五、贫富日益分化加剧社会不公

新冠肺炎疫情使美国社会深陷第二次世界大战以来最严重的经济衰退,企业大批倒闭,劳动者失去工作,贫富差距进一步扩大,底层民众生活苦不堪言。

贫富差距加速扩大。彭博网站2020年10月8日报道,美国最富有的50人与最贫穷的1.65亿人拥有的财富相等,1%最富有的人拥有的净资产是50%最贫困人口的16.4倍。疫情进一步加剧了财富不平等状况。福布斯网站2020年12月11日报道,美国614位亿万富翁的集体净资产在疫情期间增加了9310亿美元。芝加哥大学和圣母大学的研究显示,美国的贫困率从2020年6月份的9.3%快速上升到11月份的11.7%。[17]

疫情失控引发大规模失业。《华盛顿邮报》网站2020年5月9日报道,美国企业倒闭和失业潮的速度及规模超乎想象,2050万人在短期内失去工作,几乎是2007年至2009年整个金融危机期间的2倍。高中以下教育程度人口的失业率2020年4月飙升至21.2%,创"大衰退"以来历史最高水平。《今日美国报》网站2020年8月8日报道,2020年6月,33个都会区失业率超过15%。2020年2月至5月,1150万美国女性失去工作。[18]

数千万人在疫情中陷入食物危机。"喂养美国"网站2020年10月更新的分析报告显示，超过5000万人陷入食物无保障状况，这意味着六分之一美国人、四分之一美国儿童面临饥饿威胁。英国《卫报》网站2020年11月25日报道，美国食物救助需求比疫情流行前高出60%。2020年感恩节期间，高达数百万美国人不得不依靠慈善机构的救助才能避免挨饿。

医疗保险覆盖人群锐减。美国因政治极化一直未能实现全民医保，享有医保的人群又因疫情急剧缩减。2020年3月至5月，估计约2700万美国人由于疫情失去医疗保险。得克萨斯州未参加医疗保险的人数从430万人暴增至490万人，使得该州无医保人口比例升至30%。[19]

数字鸿沟加剧教育不平等。一份基于普查数据的分析报告指出，2018年，约1700万美国儿童生活在没有互联网的家庭中，700万儿童所在的家庭没有计算机。[20]《政治家》网站2020年9月23日报道，距美国国会大厦仅一小时车程的巴尔的摩市在校儿童中就有三分之一的人没有电脑；三分之一的非洲裔、拉美裔和印第安人家庭没有互联网。在疫情期间远程教育成为主流教育模式的背景下，与较富裕的同龄人相比，低收入和少数族裔孩子的家庭背景使得他们难以拥有进行独立学习的技术条件和环境，因而在远程学习方面处于劣势地位，进一步加剧了由贫困和种族不平等造成的教育差距。

六、践踏国际规则造成人道灾难

在抗疫需要全球团结的时刻，美国却执意奉行本国优先，推行孤立主义、单边主义，挥舞制裁大棒，霸凌威胁国际机构，残酷对待寻求庇护者，成为全球安全与稳定的最大麻烦制造者。

悍然退出世界卫生组织。美国特朗普政府为推卸自身抗疫不力的责任，挖空心思罗织各种不实指责，极力将世界卫生组织打造成"替罪羊"。2020年4月14日，美国政府宣布暂停向世界卫生组织缴纳会费，遭到国际社会一致谴责。联合国秘书长古特雷斯4月14日发表声明称，全球正在抗击新冠肺炎疫情，削减世卫组织或任何其他人道主义组织所需资金不合时宜。美国医学会主席帕特里斯·哈里斯4月15日发表声明说，美国在这一关键时刻暂停向世卫组织提供资金支持，是在错误方向上迈出的危险一步。英国《卫报》网站4月15日发表评论称，在世界迫切需要共同战胜这场全球从未经历过的威胁时，美国政府停缴世卫组织会费是一种缺乏道德和破坏国际秩序的行为，是"对全球团结的骇人背叛"。

2020年7月，美国政府不顾国际社会反对，悍然宣布退出世界卫生组织。

背信弃义退出《巴黎协定》。美国是全球累积排放温室气体最多的国家，按照共同但有区别的责任原则，本应承担最大的减排责任，却肆意妄为大开历史倒车，于2020年11月4日正式退出《巴黎协定》，是近200个缔约方中唯一一个退出该协定的国家。国际社会普遍认为，美国此举在政治上是短视的，在科学上是错误的，在道德上是不负责任的。联合国全球变暖科学报告的作者之一、康奈尔大学气候科学家娜塔莉·马霍瓦尔德指出："美国退出《巴黎协定》将会削弱全球减排努力，从而使更多的人因气候变化陷入生死存亡的险境。"[21]

霸凌行径威胁国际机构。2020年6月11日，美国政府对国际刑事法院的工作人员及其家属实施经济制裁和入境限制，只因他们坚持调查美国军队和情报官员在阿富汗和其他地方可能犯下的战争罪。联合国新闻网站2020年6月25日刊文称，美国此举是对国际法和国际道义的"直接攻击"。联合国人权理事会2020年6月19日通过决议，强烈谴责美国非洲裔男子乔治·弗洛伊德遭警察暴力执法致死事件。法新社援引人权组织的话称，因美国"强力游说"施压，决议最终版删除了点名美国种族问题和警察暴力的内容，未启动对美国进行更深入的调查。美国公民自由联盟批评称，美国通过霸凌其他国家，使决议内容大打折扣，并且再次逃脱国际调查，又一次站在了非洲裔和警察暴力受害者的对立面。

单边制裁加重人道危机。在疫情全球蔓延、关乎人类生命与健康福祉的重要时刻，各国应团结协作以应对疫情，维护全球公共卫生安全。美国政府却在疫情期间依然对伊朗、古巴、委内瑞拉、叙利亚等国实施单边制裁，导致被制裁国家难以及时获得抗击疫情需要的医疗物资。联合国人权事务高级专员米歇尔·巴切莱特2020年3月24日表示，制裁会阻碍抗疫医疗合作，给所有人增加风险；无论是出于维护全球公共卫生安全，还是为了维护被制裁国家数百万人的权利和生活，都应放松或暂停特殊领域的制裁。英国《卫报》网站2020年4月6日报道，来自多个国家的24名高级外交官联合敦促美国政府放宽对伊朗的医疗和人道主义制裁，称此举"有可能挽救数十万普通伊朗人的生命"。联合国人权专家2020年4月30日称，美国对古巴的封锁和对其他国家的制裁严重破坏了遏制疫情和拯救生命的国际合作，呼吁美国执行联合国决议，解除对古巴的经济和金融封锁，不再阻碍古巴融资购买药品、医疗设备、食品和其他必需品。[22] 联合国极端贫困与人权问题特别报告员、安全饮用水和卫生问题特别报告员、教育权问题特别报告员2020年5

月6日发表联合声明，指出美国对委内瑞拉的制裁正对该国民众的人权产生严重影响，敦促美国在疫情肆虐情形下立即解除加剧该国民众苦难的制裁。联合国人权问题特别报告员阿莱娜·多汉2020年12月29日呼吁美国取消对叙利亚的单方面制裁，称在新冠肺炎疫情肆虐的背景下，制裁将加剧叙利亚本已严峻的人道主义危机，威胁到叙利亚全体民众的生命权、健康权和发展权。

残酷对待寻求庇护者。美国有线电视新闻网2020年9月30日报道，2020财年共有21人在美国移民拘留所中死亡，是2019财年死亡人数的2倍多，创2005年以来死亡人数最高值。《洛杉矶时报》网站2020年10月30日报道，大量移民儿童长期被羁押。数据显示，近几年被美国政府拘留的266000名移民儿童中，有25000多人被拘留超过100天，近1000人在难民收容所中度过了一年多时间，多人被拘留超过5年。根据多家美国媒体报道，数十名来自拉美和加勒比海国家的女性移民向美国佐治亚州法院提起集体诉讼，指控美国移民和海关执法局拘留中心的医生在没有征得她们同意的情况下，为她们进行了不必要的妇科手术，甚至强行摘除子宫，对她们的身心健康造成严重损害。英国《卫报》网站2020年10月22日报道，美国移民官员对来美寻求庇护的喀麦隆公民实施威胁，迫使他们在驱逐令上签字，拒绝签字者遭受锁喉、殴打、喷胡椒水等暴力，被戴上手铐强行在驱逐令上按下指纹，从而失去了获得移民听证的权利遭驱逐出境。

疫情期间继续强制遣返移民。根据美国移民及海关执法局的统计数据，截至2021年1月14日，美国移民拘留机构中共有8848人确诊感染新冠肺炎病毒。[23]《洛杉矶时报》网站2020年11月18日报道，2020年3月以来，美国政府不顾疫情传播风险，将至少8800名无人陪伴的非法移民儿童强制驱逐出境。联合国儿童基金会称，被美国强制遣返的墨西哥和中美洲的移民儿童正面临危险和歧视。

赦免屠杀他国平民的战争罪犯。2020年12月30日，联合国人权理事会雇佣军问题工作组发表声明，表示时任美国总统赦免在伊拉克犯下战争罪的4名黑水公司雇员违反了美国承担的国际法义务，呼吁《日内瓦公约》所有缔约国共同谴责美国这一行径。声明表示，这4名黑水公司雇员2007年在伊拉克巴格达尼苏尔广场实施屠杀，造成14名手无寸铁的平民死亡，至少17人受伤。工作组主席指出，美国赦免黑水公司雇员的行为对国际人道主义法和人权造成冲击，是对正义和受害者及其家人的侮辱。联合国人权高专办发言人乌尔塔多表示，美国此举会"加剧有罪不罚"，助长他人犯罪。

注　释：

［1］《纽约时报》网站（https://www.nytimes.com），2020年10月23日。
［2］《纽约时报》网站（https://www.nytimes.com），2020年12月18日。
［3］《纽约时报》网站（https://www.nytimes.com），2020年5月20日。
［4］沃克斯新闻网（https://www.vox.com），2020年8月11日。
［5］美国广播公司网站（https://abcnews.go.com），2020年6月28日。
［6］《今日美国报》网站（https://www.usatoday.com），2020年11月28日。
［7］美国全国广播公司网站（https://www.nbcnews.com），2020年10月21日。
［8］《华盛顿时报》网站（https://www.washingtontimes.com），2020年10月12日。
［9］纽约大学布伦南司法中心网站（https://www.brennancenter.org），2020年11月20日。
［10］《洛杉矶时报》网站（https://www.latimes.com），2020年8月7日。
［11］《今日美国报》网站（https://www.usatoday.com），2020年5月8日。
［12］《今日美国报》网站（https://www.usatoday.com），2020年10月22日。
［13］美国有线电视新闻网（https://edition.cnn.com），2020年12月18日。
［14］《纽约时报》网站（https://www.nytimes.com），2020年10月27日。
［15］《今日美国报》网站（https://www.usatoday.com），2020年5月31日。
［16］《今日美国报》网站（https://www.usatoday.com），2020年7

月16日。

[17] 美国有线电视新闻网（https://edition.cnn.com），2020年12月18日。

[18]《今日美国报》网站（https://www.usatoday.com），2020年10月21日。

[19]《纽约时报》网站（https://www.nytimes.com），2020年7月13日。

[20]《芝加哥论坛报》网站（https://www.chicagotribune.com），2020年7月2日。

[21]《洛杉矶时报》网站（https://www.latimes.com），2020年11月4日。

[22] 联合国人权高专办网站（https://www.ohchr.org），2020年4月30日。

[23] 美国移民及海关执法局网站（https://www.ice.gov），2021年1月14日。